邓广铭宋史人物书系

陈龙川传

邓广铭 著

生活·讀書·新知三联书店

Copyright © 2017 by SDX Joint Publishing Company.
All Rights Reserved.
本作品版权由生活・读书・新知三联书店所有。
未经许可，不得翻印。

图书在版编目（CIP）数据

陈龙川传／邓广铭著．—北京：生活・读书・新知三联书店，2017.3（2024.4 重印）
（邓广铭宋史人物书系）
ISBN 978-7-108-05886-7

Ⅰ．①陈…　Ⅱ．①邓…　Ⅲ．①陈亮（1143—1194）- 传记　Ⅳ．① B244.91

中国版本图书馆 CIP 数据核字（2017）第 013792 号

特邀编辑	孙晓林
责任编辑	冯金红
装帧设计	宁成春
责任印制	董　欢

出版发行　生活・讀書・新知 三联书店
　　　　　（北京市东城区美术馆东街 22 号 100010）
网　　址　www.sdxjpc.com
经　　销　新华书店
印　　刷　河北鹏润印刷有限公司
版　　次　2017 年 3 月北京第 1 版
　　　　　2024 年 4 月北京第 4 次印刷
开　　本　889 毫米 × 1194 毫米　1/32　印张 6.625
字　　数　159 千字
印　　数　08,001-10,000 册
定　　价　55.00 元

（印装查询：01064002715；邮购查询：01084010542）

1936年作者在老北京大学灰楼宿舍前

陈 亮（龙川）

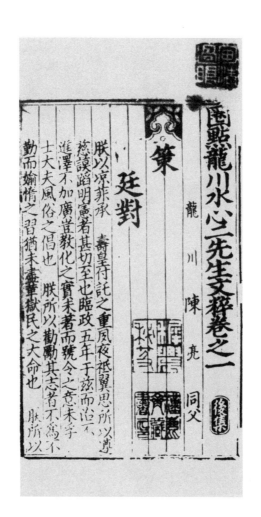

《龙川水心二先生文粹》书影

此章似宜探酌《论》中重要见解，相加陈叙述。

註一：名句见陈氏《欧阳文粹叙》

註二：朱熹谓完全阻断我们的读后语

《酌古论》主旨是三国志、陈登传、周瑜传、诸川文集、刘备、逸居通议、诸川宗欧文体

本章参考：

钱谦益《初学集·读芦浦笔记》批评《诸川》之书必迟，《酌古论》、《中兴五论》后记、祭诸侯刚文、《欧阳修粹叙》

据他自己的后讲，《酌古论》之陆续地写成，是死他十八和十九岁的两年间。

邓广铭本科毕业论文《陈亮传》与
指导教师胡适的批语

目 录

自 序 001

一 先世、母系、家况 001
二 尚友古人 007
三 "酌古论" 010
四 周葵的座上客 015
五 完婚 018
六 多难的家庭 021
七 南宋的政治、经济和军事上的诸问题 024
八 "中兴五论" 030
九 聚徒讲学 038
十 "三国纪年" 043
十一 第二次进出太学 046
十二 再度上书和再度归隐 048
十三 最知己的朋友吕东莱 063
十四 浙东师友——薛季宣、郑伯熊、伯英、陈傅良、
     唐仲友、叶适、倪朴 076
十五 朱陈交谊 087
十六 系狱 095

十七　王霸义利之辨 102
十八　抱膝斋 129
十九　浙西之行 135
二十　第三次上书 137
二十一　鹅湖之会 144
二十二　再系狱 149
二十三　状元及第 153
二十四　老而益壮 157
二十五　"荣归" 162

附　录 164
一　陈龙川狱事考 164
二　陈龙川斩马盗马故事考辨 179
三　辨陈龙川之不得令终 185

编　后 .... 邓小南　194

自　　序

　　翻开南宋的历史，呈现在我们眼前的，是一幅屈辱到令人气短的画图。

　　人们惯于把南宋和东晋相提并论，然而，就所迁的地点论，南宋是离开中原更加远，在御侮的精神方面，南宋也更为不振：渡江击楫和新亭对泣等等的故事，在南宋的士大夫间是不曾有过的。

　　当宋高宗赵构嗣位之初，确曾屡次和金人作过战，但那是为了意欲建立一个小朝廷而不可得的缘故；及至小朝廷的规模既已在临安安排粗定，他便深怕再因稍拂金人之意而致其以兵戎来临，于是，不唯忍受着百般的耻辱，而且像孝子之于尊亲一样，先意承志，任凭金人之予取予求，以苟延岁月。

　　生在那个时代的人群，江南的土著以及由中原流亡到江南的士庶，由于高宗的委屈求和，虽得免于直接遭受异族的侵陵、压榨，而异族的威势，却依然通过了这小朝廷的当轴者，照样，或且更加甚地，使他们受着侮慢、掠夺和迫害，而过着痛楚艰难的日子。

　　按道理，这些受着折磨的人群，是应当能从这些灾难当中受到一些教益而反转来使这时代改观的，不幸他们竟毫无所得：没曾激发起他们的坚韧的抗拒力和悲愤的同仇敌忾之心，甚至连一份敏锐的感受性和观察力也都没有磨砺成功。在最应该警觉清醒的时候大家却都沉沉入睡了。

　　对这现象负有最大责任的，是自北宋开国以来历世承用的那份"家法"。宋太祖太宗鉴于唐末五代连续发生的篡夺之祸和割据离乱之局,对于文武大臣和州军长吏,均存有猜忌防闲之心,遂将地方上财赋兵政诸大权均收归朝廷,又且勤加更调,武将郡守乃不得不拱手以听朝廷的约束;对于京朝臣僚,一方面既分其事权,密其法文,使其不得邀功生事,甚且不得以一事自专,一方面则又厚其廪禄,施以笼络,以使其安分循规,不生它念。这种政策推行的结果,便造成了一种头重脚轻的局面,在外则给予异族以可乘之机,在内则形成了习常蹈故、萎靡阘茸的风气,而行政上乃毫无积极效率之可言。南渡之后,中原全陷,大仇待复,亟应改弦易辙,作新气势,以共图恢复大业,而高宗孝宗却还在牢守着那防微杜渐的旧轨而不肯稍有违失。

于是,居于上层社会的学士大夫们,体会着皇家的意旨,便都率先去寻觅并制造各自的醉梦境界,远远地避开现实的一切。他们,在朝的虽则名义上操持着军政大权,却是在其位不谋其政,听任军政诸大端之日趋隳败,终日只迷恋于官僚政客的放纵生活,用其心计于固位取宠之术,把精力施散在骄奢淫逸方面,藉贪污僭取以补充其用度的不足,过此以往,非所关怀。在野的则用着更漂亮的藉口而摆脱开所应负的时代使命:国事之日非,并非他们所致使;政治道德之窳败,本也为他们所非议;而且为了挽救这危亡的世局和世道,他们还提出了最根本的从正心、诚意作起的主张;因而,不唯对于实际政治表现出一副若将浼焉的态度而不屑参与,在学问方面,对于礼、乐、兵、刑、射、御、书、数等,也鄙为形下之事而不肯肄习。就这样,对于那时代所付与的严重任务,便都被这些人轻轻地放弃了。

当大多数人被危急存亡的关头所震撼,感到无可措手的苦闷,甚或因以灰心绝望的时候,另一方面,不论在数量上是如何少,却终于有人认为还可有望,而在竭尽其心力以谋挽救。陈同甫,这本书所传达的主人公,便是其中主要的一个。

陈氏生于当时浙江东路的永康县，身丁时艰，目所见，耳所闻，都好像芒刺在身一般，使他放不开，忘不掉，忧心忡忡，惟求所以解救的途术。那时的浙东，恰正产生了郑伯熊、薛季宣一辈人物，辈分稍长于陈氏，陈氏却均得与之上下其议论，薰染了他们的为学宗旨，专就典章、经制、史事和世事上去理会一切，先则观其会通，继则加以切实的体验。在他是，凡足以开物成务、治国家、平天下的，莫不兼举并包，不分其为内外精粗，也不问其为王霸本末。

以其所学，救其心所为危的局势，在陈氏的意念中，便逐渐有了这样的一种责任感。当他看到对内则拘守成规，对外则屈己求和的高宗和孝宗的一贯作风，看到终日拱手闭眼，把当世兴衰视若无睹的道学家们，看到陷溺其身心于利禄之途，但务浮华不理世务的一般从政者们时，他禁不住气愤填胸，加以谏正，加以非难，而最终的目的却是，要从根本处加以改革。他曾因此而六达帝庭上书，两讥宰相无能。

>天下非有豪猾不可制之奸，虏人非有方兴未艾之势，而何必用此哉！

对于孝宗，他这样针砭着。

>今世之儒士，自以为得正心诚意之学者，皆风痹不知痛痒之人也。——举一世安于君父之仇，而方低头拱手以谈性命，不知何者谓之性命乎！
>今世之才臣，自以为得富国强兵之术者，皆狂惑以肆叫呼之人也。——不以暇时讲究立国之本末，而方扬眉伸气以论富强，不知何者谓之富强乎！

向着一般大臣和儒士,他这样呵责着。

在陈氏看来,既然生为那时代的国民之一员,那国家民族的兴亡休戚便息息与之相关,正如同舟共济的一群人,中途倘遇险恶风涛,单为救自身的性命之计,大家也应当各尽其力以谋挽救。这是已分内事,是无可旁贷的责任。

然而,当群情失掉了常态,相率而走入放僻邪侈的路径之后,善恶是非的标准便也都随之而颠倒错乱。这时候,最狡狯和最少廉耻的,将最有用武之地,占取社会上一切的荣华富贵,受到全社会的奉承与喝彩;一个特立独行,操心危、虑患深的人,也便成了注定要遭殃的人。所以在这本传记中,将只看到对于天才人的迫害,对于正义感的摧残,使一个最清醒热烈的人,却因其清醒和热烈而受到最残忍最冷酷的侮弄和惩罚,困顿蹉跌以至于死。

这是一幕惨痛的悲剧!

然而更不幸是这悲剧并不专属于陈氏一己。"不幸而吾言中,不听则国必亡"。和陈氏这幕悲剧紧相联系着的,是那个小朝廷的命运更被牵引到万劫不复的地步,成了整个时代整个民族的悲剧。

陈氏的旺盛的活动欲,要挺身出而独当救亡大任的热烈怀抱,到今天还以雷霆万钧之力震铄着我们的心。读着他的

> 天下大势之所趋,天地鬼神不能易,而易之者人也。

这样的文句,不由便激动起我们的慷慨奋发之情。也就是因为受到这样的激励,我才执笔来传述陈氏的生平。当述写之际,我仔细体会着陈氏所处的那一个时代的氛围,也设身处地地寻觅着陈氏一己的心理、思想、行为等等和那个时代交织着的错综关联。当我体认出那个时代确实在需要陈氏那样一个人,而也确实将陈氏作育成能负荷那时代使命的人,而却终于又由那时代的毒手将陈氏残

害了，这使我有时不胜其昂奋，有时起无限的怜悯，有时又不自觉地满怀气愤或为之悲戚。

然而我绝对不曾忘记这里所需要的一份冷静和客观，我绝不滥用我的同情，致使其对于事实真相有所蒙蔽。我只是努力把搜集到的一些资料，施以融铸贯串之力，藉以表现陈氏的活泼明朗的全部人格，不使其像天光照耀下的云影，只成为模糊灰暗的一个轮廓。

像奔驰在旷原里的野马，像倾泻在悬崖上的飞湍，到了用之驾辕或引以灌溉的时候，说是必不会偾事或冲决，确实是未必然的。对于陈氏，一向便有一些人怀着这等疑虑。即如对陈氏深致其同情的全谢山氏，也竟说道：

> 若同甫，则当其壮时原不过为大言以动众，苟用之，亦未必有成。

似这般设为不必有的事以减削古人的评价，是极欠公允的。倘使朱子等一般理学家们能得大用，谁可保证其定能成功呢？然而在这本书中，我并没有举出全氏等人的意见而稍加驳诘。

陈氏的思想，一向被综括为"义利双行，王霸并用"八字，而也一向受着正统思想家们的非议。然而当朱子规劝陈氏黜去此说之时，陈氏的回信当中却明明有一段说：

> 诸儒自处者曰义曰王，汉唐做得成者曰利曰霸，一头自如此说，一头自如彼做，说得虽甚好，做得亦不恶，如此却是"义利双行，王霸并用"；如亮之说，却是直上直下，只有一个头颅做得成耳。

这不但完全否认自己有这样的主张，而且派定对方的议论才真是"义利双行，王霸并用"之论。这究竟是陈氏的诡辩呢，是陈氏的思想前后有所不同呢？对此，我没有找到最好的凭证以资论断，因而也只将双方的议论平等胪陈，并不站在陈氏的立场上而特别有所申说。即对于后来人非难陈氏的种种议论，也一概置而不辨。

陈氏的才学干略，我固已尽量大笔特写，而对于他的某些缺陷，却也并不曾曲为回护。

所以我想，在保持冷静和客观两事上，我总算已经尽了我的能事了。

在这本书中，我不曾有意地牵引任何一事使其和我们这一时代的现实事件相比附，然而，如果我们这时代还多多少少有些和南宋相似之处，那么，这本书多多少少也还该发生一些警惕作用的吧。

这传记的正文部分，我是完全采用的纯然叙述的体裁，不羼杂些许考证或议论的成份在内。然而凡是多少有些问题的事件，例如陈氏到江西去会晤辛稼轩的年月，以及和朱子辩论王霸义利各书札的先后次第等，则于铺叙之前，全都作过一番详审的考订工作，收在书后作为附录的，便是关系较为重大的几篇。在这几篇之外，本还作有"朱（熹）唐（仲友）交讧中之陈龙川"等三数篇，战前均曾在报端刊布过，在此流亡期间，一时却均无法觅得附入了。

中华民国三十二年八月写于重庆南岸海棠溪

一　先世、母系、家况

现今浙江省的永康县,是在距今千余年前便已设置了的。千余年时光的演变,并没有使这一县的治所方位有多大的变动。在宋代,这一县属于两浙东路的婺州军治下,是当时台州和处州的接衢之区。在这县城的东北,约有五十里路光景,回环绵亘着一些山阜。如果以巍峨雄峻作标准,这山岭是不值得提及的。但正因为它并不高大,却具备了另一种美姿:在人们的眼中,它像是一条蹲伏着的龙。而在当地故老的传说中,是确曾有条龙光顾并居住过这地方的。因而,这山岭也便以此得名了,叫龙窟山。又好像要特别证明这传说的真实性,在山的西旁三数里,另有一处地方叫做龙斗坑。

在南宋高宗绍兴初年,这龙窟山下新迁来了姓陈的一家。这一家的家况并不很好,但稍一推考它的先世,却有过不少次的光荣时代。

梁上君子的故事,到今还流传在一般人的口中。那故事的主角,是东汉末年颍川许县的陈寔。他是出身很寒微的人,曾被县吏认作杀人的凶犯而被逮系、被拷掠过。后来终生也不曾十分荣显,只作过一次太丘县的县令,嗣即因遭逢党锢而隐居于荆山中了。但在那时候,清高是被社会上认作至上的品德的,远近的人们都以这位隐君子作为宗师,到他逝世的时候,做司空的荀爽、做太仆令的韩融,都跑去穿了丧服,有如死者的子孙一般。一时的名流如郭林宗等人,也都从太原赶去。丧葬的行列,有三万人员参与。

陈寔共有六个儿子，其中以陈纪和陈谌最负盛名。陈纪曾作过平原相；老年又拜大鸿胪，他的儿子陈群，在曹魏时位至司空，是九品中正制度的创制人。德望虽已渐渐不如前代，而官阶却是到了极品。陈谌的名望也很高，只是他死得太早了些；到他的孙子陈佐，官至青州刺史，陈佐的儿子陈准，官至太尉，并受封为广陵郡公；准的孙子逵，正生在西晋晚年，永嘉乱后，他跟随了晋室南迁，作过丞相掾、太子洗马等官，后来出为长城令，因为喜欢那地方山水的秀美，便把自己的家永远定居在那里。在内心，这位陈逵先生怀着一个极大的心愿，他希望这里的美丽的山川灵气，能钟于他的子孙，从此他的子孙成了江南吴兴长城地方的土著。

从陈逵下传十世，是陈霸先的一代。他从南朝萧氏的手里接来了中国东南半壁的江山。作为一个朝代一个国家去看，这陈姓所建的陈国未免太不像样，而且在极短暂的期内，北兵渡江南下，陈叔宝带了妃子一同投身到胭脂井内，演了一幕风流而又滑稽的戏剧，这基业便为隋朝所吞并了，这当然有些不太争气，但单从陈氏一家着眼，也毕竟是"贵为天子，富有天下"了，总不能不算做无上的光荣。

以上，是新迁来龙窟山下的这陈姓一家的远祖。而在永康，且还有陈国皇族的一座坟墓，一般人称之为后陵或厚陵。埋葬在里边的虽然不知道究竟是哪一位的尸骨，而居于永康的陈姓六族，却认作是他们共同的祖先。

永康陈姓的六族，是以所居地的不同而区分并得名的。这迁移到龙窟山下的一家，是属于前黄陈的一支，原是住在距离后陵七八里路叫做前黄的地方的。这一支，和龙山陈、墓西陈、石门陈、西门陈各支相比，远不及他们的贵显，然而却和白岩陈同以富有而甲于乡间。自从定居于前黄，到这一家迁来龙窟山下，其间已经有了二百来年的历史，自陈通、陈隆父子以来，才稍稍奋起于田间，造成了衣食自足的小康境况,到陈隆的儿子陈援,便日益富有而成为一乡的大户了。陈援共有三个儿子,长子的一支,始终能保持着这富厚的家业,经过了好几代而没有使它凋落。最坏的是他第三子的一支,而我所要传述的人,却不幸正生为这一支的后裔。

陈援的第三子名叫贺,在非常年轻的时候便逝世了,只遗留下一位寡妻和一个弱息。这时候正是北宋的末叶。

金人的压迫,正在这时期日益加大其强度,子女、玉帛、乃至土地,都不足以稍杀其来势,宋人在张皇失措之中也曾出兵抗拒,然而一次次战争的结果,又仅是越发招致些更不堪的局面。到后来,甚至连作战的士兵都感到缺乏了。亡国的威胁和恐怖,普遍到全国各地,南国的人民也过不成安乐的岁月了。大批的壮丁,便在这时候被动或自动地投身到行伍中去,去为整个国家民族的生存,作最后一次的决战。

靖康之难,和永嘉之乱同样,是在我们的历史上为我们所永不能忘记的一幕最惨痛的悲剧。由于几个当国人的昏愦糊涂,造成了一切亡国灭种的危机,而到了千钧一发的最危急的关头时,却反而企图凭藉小民的忠勇气概去挽救,想以天灵盖而抵御对方的敲棒,不必说,这是抵御不住,挽救不了的。

到靖康元年的十一月,在接连着几天不曾停止的大风雪之下,金人围攻开封的一幕终于演出了。

六甲法使用过了,不生效,只白白断送了几千条人命,于是国都开封被金人攻破了。开封城的四壁守御使刘延庆,到这时也只好夺门逃命,他带了少数跟从的人,从新城西壁的开远门逃出,刚逃到距城不远的龟儿寺,便被敌人的追骑赶来杀害了,连同跟从着他的几位士兵。

在这些被杀害的跟从兵当中,有一个是从江南投入这军队中来的,他的名字叫陈知元,而他便是陈贺所遗留下的那个孤儿。

国难在这陈姓的一家,烙了一道深深的忐印。

这位殉国的士兵所遗留下的,除了寡母和寡妻外,还有两个儿子,大的叫陈益,小的叫陈持。

当父亲在国都中殉难的时候,陈益的年纪已经是二十岁以上了。但他生来是一个粗率豪放的人,任何行业所需要的一份严格训练,在他,是难于接受而也未曾接受过的。到他想谋取自身的出路时,自然只有到处碰壁了。他曾入舍选,等到又参与别项举业时,便一败涂地了。和项羽一般,在学书不成之后,他也去而学剑,而在武事当中,他也终没能找到出头之地。当他灰心于一切而迁移到龙窟山下的时候,最少已经是三十三四岁的年纪了。

太太姓黄,母家也不是阔绰的人家,但她的父亲黄琫,当地方寇乱闹得正厉害的时候,为捍卫乡里竟不惜牺牲掉自己的生命,而她的弟兄叫黄大圭的,也曾在疆场上掳获过敌人的别将,因而在永康也成了一个很知名的人家。她的年岁和陈益恰好相同,生辰只隔半年左右。在迁居的时候,已经有了一个十三四岁的儿子,叫陈次尹。

到陈次尹将满二十岁的时候,他的舅父黄大圭又将自己的长女许配给他。这女儿,年岁刚刚十三。

除了这些人口外。还有这位家主翁的弟弟陈持夫妇。陈持在这时正稍有文名,但后来也和他的老兄一样,屡试屡挫,在功名场中始终是个不得意的人。到晚年仅从恩科得做到江西高安县的主簿,不久即先他的老兄而下世了。

以上是龙窟山下这陈姓一家的全部人员。

这位家主翁陈益,一个名利场中被摈弃的人,没有能博取世人尊敬的条件,甚至也没有见好于世俗的那副拘谨的态度。不把这失败者放在眼里的人们,也不被这失败者放在眼里,只有在碰到投心适意的人时,他才会不论识与不识,投给他自己的青眼,拉住他喝一个痛快。在喝得高兴了时,一同狂歌高呼的事也常常有的。邂逅不到这样有缘的人时,也碍不着独个儿去喝个烂醉。岁月的大部分，就这样被他在杯酒间打发了去。

家里的人手是这样的不健全，而料理的责任又正落在一位最不适于做这事情的人身上，这一家的情况，必然而且是无救地日趋于衰落了。

刚刚成年的陈次尹，就其事业的前途上看，并不具有多少能成就的希望。他的十三岁的新妇，又实在是太年轻了些。而尤其不幸的是，在她出嫁后不久，她的父亲和母亲便相继去世，她前后共有六个兄弟，也一概未能养育成人，所剩的，只有一个尚在需要别人抚养的弱妹。既全然是无法可施，只好将这妹妹也带来陈家，交由她的婆母，也即是她的姑姑，抚养着。在极不合适的时候，这许多意外的遭逢，造成了这少妇一副忧郁寡欢的性格。

由无能为力的死亡，和挣扎而终于无效的失败，所造成的颓丧和哀痛的感觉，侵蚀着这一家里每个人的心。

缅想着往昔的光荣，经受着当前的困阨，这一家人的希望都寄放在不可知的异代人的身上了。

陈贺在未迁居的很远以前便不幸短命，陈知元殉难以后也未能收回他的尸骨，在迁居于龙窟山下之后，首先是有了这两代寡妇的坟墓。一家人都深信这两代寡妇的孤坟必能造福于这一家的将来。恰巧，在这两座孤坟相继而起的一纪之后，在全家人的迷信、期待的心情之下，那位作为人妻已嫌年纪太小的女子，在十四岁的一年竟又成了一个婴儿的母亲了。这婴儿降生在宋高宗绍兴十三年九月初七日，是西历的一千一百四十三年。

这婴儿没降生在一个最幸福的家庭里，但却降生在一个最合适的时间内了。他使全家人的希望得到了实际的着落，他受到全家人的宠爱，尤其是他的祖父和祖母的。哺乳以外的鞠养和照顾的责任，大部分都由这一对老夫妇担任着。因为这婴儿在降生之后两眼即能发射出异样的光芒，他们都断定这婴儿的将来必定有异样的成就。几世以来在人生战场上的挫败，只希望能因这婴儿的将来而取得报偿。白天的遐想，夜间的幻梦，莫不是萦绕着这一个问题打转。某一个夜里，在这位家主翁的梦里居然有状元出现了，状元的名字叫童汝能，但他认定这便是二十年后的他的孙子。醒来后，他依然相信这是一个最真切的朕兆。这等于替这婴儿举行了命名式，从此这婴儿便叫做陈汝能了。而为了说明这陈汝能就是梦中的童汝能，于是又以"同甫"作了这婴儿的字。

当乡邻知道了这名和字的来源时，他们对这位陈老先生的痴愚都禁不住发笑，但他是毫不顾忌这些的，他只等待着由他孙子的将来，证明真正痴愚的倒是这些发笑的乡党邻里。

二　尚友古人

既然是生长在这样的一个家庭里,这幼年人的前途似乎只能遵循父亲和祖父的旧的辙迹,而效其力于耕耘稼穑等等事情上。那只须稍为勤劳一些,节俭一些,便可以做成这家庭中最能生利的一员,这家庭的没落趋势既可谋重行振兴,几十年前富有的家况也可以有恢复的希望了。

然而多少年来的遭遇既使得这全家人都郁结了满怀的愤懑,而这愤懑又都希望由这幼年人将来的功业去为之抒发,倘使他仍旧做了农人,这目的是永远不会达到的。而何况那位老年人还有一个状元梦也在等待他去实现呢。因而这幼年人被安排在读书的路子上。

累世以来,既不曾积累下可以使这幼年人得所霑溉的荫泽,遂使他在读书进取方面已经缺少了一份必需的方便和凭藉,而更想把一个"扬名声,显父母"的预期在他的身上兑现,这不是一件十分容易的事。在一切不方便条件下去开创一个显豁的局面,这幼年人至少得有一种超众的才具。然而事情刚刚凑巧,这幼年人的资禀恰正可以满足这种需求。

在受过启蒙教育之后,这幼年人就学于他同邑的富豪何子刚的馆舍中。这位何先生拥有数千万的家赀,和在朝的荣公钜卿也结有亲戚,论财论势,都是一乡的冠冕,而他却甘心居于乡里,过着安分守己的生活,甚至自屈于乡里间的强暴势力之下而不与较量长短。他把房舍的一部分拨充校址,想作育一些同乡后进使成英才。当这幼年人束书来学的时候,何先生立即发现他不是一个平凡的学童,因而更加以特别的栽培,平素既热切照顾,更时常设宴款待,给予他无限的鼓励和勗勉。这幼年人的聪明才智在这里第一次露了头角。

年岁逐渐长大,对于人事的理解力也在逐渐加强。死于捍卫家乡的外曾祖,死于抵御外侮的曾祖,他们的故事是这幼年人所熟闻熟知的。从此他自然会意识到:最影响到他这家庭的过去和将来的,是国家的治乱。自由阅读和自由研究的能力,在他既已很容易地培养成功了,他要向书本子当中去寻求这治乱兴亡的根本原因。就这样,最先受到他的欣爱的是历代史策。

分崩离析的局势,在中国的历史上是有过无数次的,但和南宋相较,其相似之点最多怕莫过于魏蜀吴三国鼎峙时代的了。虽然这时候在对峙着的只是宋金两国,然而这偏安江左的南宋小朝廷,其根据地正就是孙吴所据有的地方,而君主之为先朝皇族之裔,又正和蜀汉的刘备相似,因此,对于陈寿的《三国志》他感到分外的亲切。

时势造就了英雄,三国时代几乎是中国历史上人才数量最多的一代。风流倜傥而又成就了非常事功的,如诸葛孔明、周公瑾一辈人物自不必说,有许多并不具备若何重要性的人物,在他们的志趣和表现方面,也多有令人敬爱不置之处。在《三国志》中,有着这样一段记事:

  许汜与刘备并在荆州牧刘表坐,表与备共论天下人,汜曰:"陈元龙湖海之士,豪气不除。"
  备谓表曰:"许君论是非?"
  表曰:"欲言非,此君为善士,不宜虚言;欲言是,元龙名重天下。"
  汜曰:"昔遭乱,过下邳,见元龙,元龙无客主之意:久不相与语,自卧大床上,使客卧下床。"

备曰:"君有国士之名,今天下大乱,帝王失所,望君忧国忘家,有救世之意,而君求田问舍,言无可采,是元龙所讳也,何缘当与君语?如小人,欲卧百尺楼上,卧君于地,何但上下床之间邪!"

表大笑。

备因言曰:"若元龙,文、武、胆、志,当求之于古耳,造次难得其比也。"

这骄态可掬的陈元龙,名叫陈登。曹操之所以能攻破吕布,便是因为和他结成了犄角之势才得成功的。他的为人,忠亮高爽,沉深有大略,当他在少年时候,便立定了扶世济民的志愿,对于书籍极力博览综贯,对于文艺更特别擅长。当世乱民饥的时候,他曾一度作过"典农校尉",到任后即巡察土田之所宜,力谋掘凿灌溉之利,结果竟能使那一地方秔稻丰积。后来曹操想藉用他图谋吕布,叫他去作广陵太守,他更能明审赏罚,宣布威信,使得海贼薛州所集聚的一万多户的群众也都束手归命。不满一年光景,便能化成功就,一般吏民对他,既知畏惧,也极爱戴。到他帮助曹操铲除了吕布之后,他因为很得江淮间的欢心,有进而吞并江南的企图。当江南的孙权发了十倍于他的兵马围攻他于匡琦城下的时候,他力排群下退避的主张,决心出命报国,仗义整乱,终将敌军打败。因为这份军功,他又升迁为东城太守。当他离别广陵时候,一般吏民因为感其恩德,共同拔郡相随,甚至于一般老弱也都襁负而追之。

是这样的一位具有文武全材的陈元龙。也就是因为这一点,他的功业的成就虽然远不及周公瑾,而却和周公瑾一样地打动了这位年轻读书人陈同甫的景慕,被他认作理想中的人物了。当这年轻人和人们谈论到这两人的事迹时,他每次都不禁眉飞色舞,鼓掌叫呼,而引以为快。机会如果能轮转到他的身上,他准备着要做成功这样的英雄。

三 "酌古论"

宋朝自开国以来，即特别优礼学士大夫，对于武人则极端轻蔑，于是文和武分为截然的两途。在年轻的陈同甫看来，这是不应当的。他认为：所谓文事并不在文词的雕琢，而是必须有济世之才；所谓武事并不重在剑盾的使用，而是贵在有料敌之智。这"才"和"智"，原不过是一物之两面，缺一便算不得全才的。怀存着这样的见地，在他的知人论世方面，既单独有取于周公瑾、陈元龙一辈人物，而在读书修习方面，他所具有特好的是王霸大略和兵机利害。在史书之外，他把阅读范围扩张到兵法六韬等类书籍。

当他把历代史籍大体周览一过之后，对于历代治乱兴亡的所由然，他均已探索到它的原委，而对于各代武功的盛衰成败，他也已从兵书并从前后事变的比较中找出了一些解释。对于前代史实的说明，也正好可作为处理现实问题的借鉴，于是他把钻研的心得，作为立论的资据，将历代身处重大变局的英雄们，不论是帝王或是将相，都一一加以衡量。对他们每一人的行事都设身处地地为之筹思，为之计划，指明他们的成败，并特别指明其成败的缘由，使得失昭然，可供观览，可作法则，可资鉴戒，大之则兴邦立业，小之则临阵对敌，皆可以就此而有所斟酌。将一时所作的二十余篇集结成册之后，遂即给予它一个针对现实的总名，叫《酌古论》。

《酌古论》中所论列的第一个人物是中兴汉室的光武帝，很明白，这是他替南渡后的宋朝皇帝找定的榜样。一般人多以为光武之所以中兴是由于料敌明，遇敌勇，豁达大度，善御将帅诸优点，而他却以为这只是光武中兴之一术,而其所以能奋寡击众,举弱覆强,起身徒步之中,不十余年而即成就了自古所无的中兴盛业者,主要的是在光武帝谋略坚定,次第不紊,自发迹昆阳,攻破王寻王邑,中经百战,以迄于天下大定,莫不依据一定的计划和步骤:不亟亟于夺取关辅,而先身徇燕赵,经营河北、河内以为根本之地;根本既固,方使邓禹、冯异相继入关中,破赤眉,耿弇则于同时平定齐地,于是东西皆平而洛阳更固,最后方命将讨平隗嚣、公孙述,而天下遂统于一。凡此,无一次不本于既定的方略,无一次有侥幸求逞的心理。除此以外,对于降服群叛、驾御英豪两事,更为光武之特长,甚且为高帝所不能及。如降服铜马贼后,立即封其渠帅,勒使归营,单骑按行,示以赤心,于是降者悉服而众心俱安。冯异镇关中,有人说他威权太重,恐生异志,光武不但不信,且把弹章交与冯异,更且赐诏慰谕,信任愈笃,结果也使冯异格外感激图报。从这些地方着眼以观察光武帝的一切,他遂得出了一个结论,以为天下之事并非没有奇术,只是虽有奇术而无人能发,光武独能发之,所以独成大功。然则光武之成功,虽曰由于天命,实际却还是得力于人谋的。

其次他评论蜀汉先主。他以为先主之因关羽之故,放弃了曹魏而举兵伐吴,是一种忘大义大仇而但逞私忿之举。既已举兵,孙权遣使求和而不之许,这是怒敌;平地立营而无他奇变,这是轻敌。怒敌者危,轻敌者败,因而先主之丧师乃是势所必至的。

其次为曹操。曹操能称雄于一时而不能混天下于一统,在他看来,其原因在于:曹操虽能运奇谋,出奇兵,决机于两阵之间,使张绣纳降,吕布成擒,袁氏败亡,乌桓破灭;然而对于审敌情,料敌势,观天下之利害,辨进取之缓急等等大计,却还有所不足。就曹操所处的时势设想,于讨平了袁熙、袁尚之后,他首先应当招致关西的骁将马超,使入朝而为己用,则关西虽有韩遂,必不敢违制叛命。关西既无患害,可即出兵散关以讨张鲁,张鲁既平,再进讨蜀中闇而且弱的刘璋，必极易平定。然后命夏侯渊、张郃留守汉中巴蜀等地，曹操则亲自由邺出兵以向荆州，同时用许洛之兵冲其膺，巴蜀之兵捣其背，则荆州又不难破。嗣即命巴蜀、荆州之兵顺江东趋，一军出广陵，一军出皖城，曹操更亲率精锐直趋武昌，以进取东吴冲要之地，则孙权又必败降。如是则天下岂不极易统一吗？而曹操乃见不及此，徒知荆州四达，为英雄必争之地，巴蜀险阻僻远，取之迟早均无甚关系，遂弃其易而先其难，结果是荆州巴蜀，两俱失之，而无法打破鼎足三分之局。这全是由于曹操仅巧于战斗而不能尽知图天下之大计的缘故。

又其次为孙权。他以为孙权不惑于流议，独用周瑜之谋而与刘备协力拒曹操于赤壁，临变不慑，切中机会，故其能成大功乃其审事明澈之所致，而一切非出于侥幸。及曹丕称帝，其所以屈己称臣，并啗以甘言，效其珍物者，实在也是存有深谋：欲待其骄而乘其变。而不幸有司马懿在魏，遂使其深谋卒不获骋，这却只可说遇时不幸而不能归罪于孙权为谋之不善了。

又其次为苻坚。苻坚率百万大军伐晋，师次淝水，晋将谢玄请其麾兵少退，以决一战，坚如其请，其众乃自相蹂践，晋人乘之，因以大败。世人评论此事，皆以为坚若不麾退其众，则胜负未可知，故淝水之战的结果，只可认为是出于偶然。陈氏独以为苻坚之亡，自有其必然性在，即使淝水一战而胜，也终难免于败亡之途。因为：苻坚征发诸州公私人马，一切全是乌合，兵虽多而并无精锐，将虽众而人各异志，可信赖的只有一个苻融，而于智于勇，俱非所有。且倾师东下，仅留弱卒数万驻守关中，而鲜卑、羌、羯攒聚如林，均在伺隙而动，根本之地一动，即使淝水幸胜，又何能挽救危亡之局呢？且晋虽较弱，终为华夏；秦虽较强，却是夷狄，自古夷狄之人哪里有能吞灭中国的呢？

所评论到的君主，即以苻坚为止，其下，是一些佐命定难的功臣策士，是由韩信到桑维翰十五个人。对于韩信，他最佩服的是，当敌人的智略去己不远，筹算时出，其势足以迫我的时候，他却能够随机应变，窘之而愈智，久之而愈新，愈出愈奇，沛然常若有余。故对于项羽，他不以暴力与之角逐，而先下诸国以孤其势，一举而定三秦，再举而虏魏豹，三举而擒夏说，遂下井陉，终破陈余。有人以为陈余之败是吃亏于不用李左车间道出奇兵的计策之故，而依陈氏的看法，即使陈余能用左车之策，韩信也会有更机智的策略以胜之的。次为薛公。当黥布背汉之时，薛公为三策以料布，以为东取吴，西取楚，并齐与鲁，传檄燕赵，固守其所，是上策，若布出此策则山东非汉有；东取吴，西取楚，并韩与魏，据敖仓之粟，塞成皋之口，是中策，若布出此策则胜负未可知；东取吴，西取下蔡，归重于越，身归长沙，是下策，若布出此策，则高帝尽可安枕卧，汉必无事。又且料定黥布必出下策，已而果然。后人莫不极佩薛公审料之明，而陈氏则以为于时天命人心已有所归，黥布犹欲攘袂而起，举逆犯顺，则虽有智勇，据形势，也难有济，故无论布出何策，均必败亡，薛公所设想的上中两策的结局均不免过于夸大。故薛公虽可说明于料敌，而于上下之分、逆顺之理却还有所未达。于东汉则论列邓禹、马援二人。于三国则论列诸葛孔明、吕蒙、邓艾三人，而对于孔明更三复致意，以为他能去诡诈而示大义，置术略而出正兵，皆为大英雄之所独能，而非小智小巧之士所能及；及其受托辅孤，一本忠贞，不摄不放，使人以佚道，杀人以生道，权逼人主而上不疑，势倾群臣而下不忌，励精图治，风化肃然。又一切都是帝者之政、王者之事。故无论理兵理政，均远非其同时代的一般人如司马懿等之所可比，而世人乃多信陈寿的"制戎为长，奇谋为短"的话，更甚者且相信司马懿贬抑孔明的话，真是小孩子见识呢。于晋他只论列了羊祜，以为他只能算一时的良将，而并非天下之奇才。于北魏他只论列了崔浩，以为崔浩佐魏，料敌制胜，变化无穷，而于料柔然之事尤为奇中，其机谋诚为不可及，然究其所料，虽若极奇，要亦皆本乎人情，非有若何神妙不可测之术。于唐他论列了李靖、封常清、马燧、李愬四人，他认李靖为天下奇才，凡其所用，莫非奇兵，自汉以来，能识别兵之奇正而用之至当者，仅孔明与李靖二人而已。封常清之失河阳，在于谋寡志锐，轻敌偾事，遂致河阳一失，高仙芝继之而失陕郡，哥舒翰继之而失潼关，而此三地实关中之咽喉，咽喉既绝，唐朝的宗社也因以危殆，贼党势焰愈益盛大，用了几年的工夫方得剿平，其中封常清所应负的罪过实为最多。马燧不能因危设奇，扼要害、张形势以破敌人之交，仅能窘田悦于孤穷之中，力能得悦而不取之，使得婴城固守，嗣即得到朱滔和王武俊的救援，而魏郡乃终不能破，中州也因之终不能定，诸镇世为不讨之贼，推原所由，一切须由燧任其咎。李愬用三降将以擒吴元济，其临事制机颇合于英豪之术。于五代他只论列了桑维翰。于这最后一节论文中，他推原中国的夷狄之祸，以为藉夷狄的声援以创基业，其罪始于唐高祖；用夷狄为辅翼以铲平叛乱，其罪始于郭子仪；北面夷狄，请救示弱，又且割地相遗，使夷狄有轻中国之心，长驱径入，习以为常，遗祸于后代至于无穷，其罪则全在桑维翰。

综观这二十篇论文，其每一篇的造意设词，处处在论列往昔，也处处在针对现实。而更其重要的，则是处处在借已往的事以施用自己的韬略，推陈以出新，以为自己用世应变时的准备。若干年后，陈氏自己将这论文全部重复翻阅一过，也还不免怅然地想到："政使得如其志，后将何以继之？"从可知他在写作的当时，是如何身临其境般的施用其心计了。

这时候，陈氏的年龄才不过十八九岁。

四　周葵的座上客

　　凡是应当求之于自己的，他已经尽了他的心力。在默默中渡过了二十年的岁月，现在他所需要、也即是他的家庭所希冀于他的，是社会人士的注意。像一个旧式医生，当已经攻读过若干种医书，自信有诊明病原并按病处方的能力之后，便必需悬壶问世一般，他一向所致力的是社会和国家的生理学与病理学，他已经看透了病象，诊明了病因，也已拟定了医治这病症的方案，他需要人们予以适如其分的注意。

　　学问，在他既不把它当作一种装饰品，他研究它，不是为了观照和高蹈，而是要让它产生一些实效的。

　　然而，罗鸟的只求之于深林，猎兽的只求之于深山，人们早已养成了这样的习惯。在平平无奇的田野里，偶尔有凤鸟飞翔或猛兽遨游，是多半会被人疏忽了的。陈氏生在一个卑微的家庭里，想以自己的本领震动天下人的耳目，事实还必得藉助于外援：不但得藉助于有眼人的赏识，而且得藉助于有力者的提拔。在他所能干求到的范围当中，他碰到了一位兼备这两种条件的人物，是周葵。

　　这时候周葵正以集英殿修撰改知婺州军州事。他之所以得以知道这个青年人，是这青年人的《酌古论》作了媒介的。大概是在周氏到婺州就任之后，陈氏便以其新作的《酌古论》进呈求见，因而周氏才得见到那书。总之，不论因缘是怎样发生的，当周氏看到《酌古论》之后，他就把它的作者认作一个奇才了。接着，他们两人之间便有相互论难的事，周氏更认定这年轻人将来必会成为国士,因即把他拜作上客,当作自己的子弟一般看待他。

绍兴三十二年(1163)夏,孝宗受禅,周葵被调为朝官,最先是作兵部侍郎兼侍讲,后改同知贡院兼权户部侍郎,次年夏又升为参知政事。在这期间,陈氏曾和金华的吕祖谦等人一同参与两浙转运司的秋试,吕氏以第二名举解礼部,陈氏名次稍后,也在被贡之列。在年岁上,陈氏固然较吕氏还小了五六岁光景,但他意气自豪,自负却绝不在吕氏之下,漕试的中式更使他有了这份自信。

接着,他到了临安,礼部试未能考中,便一直客居在周葵的家里。向着一般名公贵卿,周氏力夸这位客人的才学,一切到周氏处有所咨请的士大夫们,也都首先被引介去与这位客人相谈。因此,陈氏在一方面既得以尽量发抒自己的怀抱,在另一方面也大量地换取来别人的智识和学问。在他全部的生命史上,这时期是最为发皇也最富精采的一段落。

此后,陈氏的名声逐渐播扬开去。

在对付金人的策略上,周葵是一个一向主和的人,他所以能升做参知政事,即是因为李显忠、邵宏渊攻取虹县和灵璧县,造成符离之败,而他在事前曾反对过张浚遣军渡淮的主张之故。符离败后,周氏议和的主张得以实行,但这次的和议,引起了汹汹的朝议,《酌古论》的作者,一个趋事赴功而欲以一身任复仇雪耻大任的青年,对周氏的主张自不能同意,然而我们现时并无何等材料考见这时陈氏对和战的见地,所能考见的,是在学问的趋向上,这主客之间却显然是所好异趣的。

周葵是一个很端正、很谨慎的人,他特别敬重博古通今之士,所以他特别赏识了陈氏。但当时学术界的风会所趋,却多偏重于明心见性和考求义理等方面,举一世的聪明才智之士莫不入于此途,而一世的大师名儒,也莫不出于此途。他眼见到这事实,因也不愿陈氏以博古通今为满足,他希望他能将向外发展的锋芒收敛来转而向内。他随时随地给这年轻人一些规劝，并把《大学》《中庸》两书的精义奥旨讲授给他。体会到周氏的这份关切，陈氏自然不愿意辜负他的这番意旨。然而陈氏终于还有他自己的定见，这定见却又正与周氏的见解扞格不能相入，他不能更改自己趋重事功的思想，他还得继续走上与道学家多少相反的道路。

五　完　婚

周葵于孝宗隆兴二年（1164）冬间罢免了参知政事，客居临安前后共已三年的陈同甫，也正于其时因为自身的婚事而被家庭召还。

这婚事的成功，又说明了另一个人对于陈氏的前途的信赖。这个人是何恪。

何恪是义乌县人，他的家庭是义乌县知名的富家。他兄弟二人，长兄名叫何恢。他的父亲叫何榘，也是一位颇有气识，并且有志从事于武事的人，后来做官于河北的恩县，在那里生了何恢。由于遗传，也由于北地民性的感染，何恢状貌端厚，意象轩举，胸次也极疏豁坦白，他应对一切事情的心意，人们可以一望而知，毫无诡谲文饰之处，像煞一个豪爽凝重的北方人。弟弟的性情与此也不甚相远，仪表之端重，像山峙玉立；胸襟之放达，像地负海涵；目空四海而独能属意于一世的英豪之士。兄弟二人一同遵从了父亲的意旨，要从举业中博取功名。但何恢在平时即须分出一部分力量助理家事，又由于个性关系，读书为文也都注重在朴实适用方面，不肯过为巧丽；何恪则没有家事的系累，得以专力于文学，其文章的造诣，遂能雄壮精奇，反复开阖，旁通曲达，颇与北宋张耒、晁说之一辈人物的文章境界相接近。在科举方面，自然是何恪占了便宜。兄弟二人于绍兴三十年（1160）一同试于礼部，弟弟及第了，而哥哥却不曾。他们兄弟间的友爱是世间少有其比的，料理家事的责任，由老兄一人承担，弟弟完全加以信赖，哥哥也不猜度弟弟有任何疑心，在精神上，他们是一体。只有在评论文章而有不同的意见时，才会有声色俱厉的争辩，让不解此中人语的僮仆们取作稀有的笑谈。后来是何恪先死了，到何恢临死的时候，对死后葬身的问题还不免有所考虑，他要在死后能得到和弟弟相互瞻望的方便。

是何恪那种目空四海而独能属意于一世豪杰的义气，使他在听到了陈同甫的名字，见到了陈同甫的文章，而尚还不认识陈同甫的面貌之前，便已把陈氏看作精神上的知交而以肺肝相与了。向着一切人，他不吝惜对于陈氏的推许，而稍后，他竟提议把老兄的次女许配给陈氏。

这提议，看来实在有些冒失。陈姓家庭的贫困几于是人所共知的，按现状说，两家的门户实在太不相当。将来呢，年轻的陈同甫正还在争取功名的途程中，谁能保证他将来一定有荣显的前途呢？然而在何恪，他相信自己的眼识，他认定这年轻人的前途是不可限量的。何恢没有马上接受这提议，于是当何恪离家二千里到吉州永新县去做主簿的时候，每次写家信时也还是称誉陈氏的一切而坚持着自己的提议。哥哥总在迟疑着，他却担心因为老兄的迟疑而使他们与这具有无限希望的年轻人造不成密切的连系。

对这年轻人的前途，何恢始终不能与他弟弟的看法完全相同，因而对于自己女儿的前途，如果依照他弟弟的意见去安排，他也实在有些担心，然而，因为兄弟间那份相互的敬重，却又使得何恢不忍过分违背他弟弟的意志，在种种考虑之后，他决定宁可使自己的女儿去吃苦，也不能做一件对不起弟弟的事，终于不惜以次女的将来掷诸渺茫不可知中，答应了他弟弟的提议，和陈家结为亲戚了。

在乾道元年（1165），陈氏自临安被召还家之后，便到义乌县去就姻于何家。

义乌县的西方，绵亘着有十五六里的无名小山，在山的南麓，有一个湖堤孔道，叫做南湖，四围是些更小的山峦壁立着，濒湖而居的都是姓何的人家，何恢兄弟的一家在其中却是最显得阔绰的。在他们宅第的西偏，是林樾最深最静的地方，泉水也随地委行，截水为限，用竹篱紫荆围绕起来，这便是何恢家的西园。长杨沿着溪水的两岸并排地密植着，高大的竹子耸立在小山峰顶，短草细花随地滋生着。顺随着山势和水流，也随处造起了一些亭台堂榭，而造在最幽僻地方的一座，是何恢和他弟弟的读书堂。在这里，收揽了外边的林泉之美，而且收藏了将近万卷的图书。

在这读书堂里，陈氏以新婿资格而被何氏兄弟招待着；在这读书堂里，陈氏从何恪学习古文辞的制作；也是在这读书堂里，陈氏的出众的天资又露了一次风头。

已经进士及第的何恪，文名也随了功名而日益高扬，义乌县的人士凡遇有丧葬等事，多以能得到他作一篇碑志之类的文字为荣。当陈氏就姻于何家的时候，他正为他的从母王夫人作就一篇墓志铭，当着大众，他将那文字高声宣读，在他仅仅朗读过一两遍之后，这位新婿却已完全理解得，因而完全记诵得了。于是在又一次，也是向着大众，这新婿将那篇墓志竟能背诵出来。这真惊骇了在座的人，而更其使何恪惊喜非常。"竟有这般强于记忆的人！"何恪拍掌欢笑着说。他的眼识毕竟没有差失，在他鼓掌说着上面那句话时，从心底浮起这样的一种得意之感。

六　多难的家庭

二十年的时光，在陈氏的家庭里也发生了不少的变化。

母亲十四岁生了陈氏之后，又连续着于五年之内生了三个孩子：两男一女。男孩中的一个，降生后即夭折了。人口的增加，只是增加了这家庭中的消费人员，在其它方面，却并无伴随而来的较好的机运。

在陈氏十八岁的时候，他又有一位庶弟降生，从这件事情上，我们得以知道在这期间陈次尹又纳了妾。纳妾的时期和缘由，以及被纳为妾的这女子的一切，我们完全无从得知，但如从这纳妾的事件上而推断这家庭的经济力还在自给自足而有余的情况下，却一定是错误的。因为这庶子在降生一百几十天后，就为了家庭无力存活而被寄养在一个张姓人家了。直到十七年后，他才得重复归养于陈家。

祖父母已都是上了六十岁的老年人了，在平常的状态下也已应当是精衰力竭的人，而因为嗜酒、任气，以及平素所过的太放纵的生活，愈使这年老的祖父成了一个病废的人。而父亲呢，是连主持家政的本领也缺乏的。母亲则因为早期的生产，和娘家人全部丧亡的惨剧，以及子女的抚养和照顾等事，已将生命中最精华的部分剥蚀净尽，现时，只是拖了一个孱弱的躯体，等待着长大的子女替她造成稍有喘息休养的机会。陈氏自己既还得向着展开在面前的光亮的路途前进，家里的事情便委托了他的堂祖陈廷俊夫妇帮同料理。

日子这样过度下去，为一家的目光和希望所集视着的这位年轻人，也已经能凭藉自己的才学而娶得富室的女子为妻，看来，以后的岁月该逐渐容易过度了。

然而，平素种种不幸所造成的恶因，却单等待这时候来施展它的威力。就在陈氏结婚的一年之内，他的母亲竟向这艰难的家庭和艰难的人世永远告辞了！在这人间，她共总生活了三十七年。

在人力无能为的时候，一切只能依照自然所安排就的忍受下去。照习惯，为表示生者的哀思，应该为死者举行盛大的丧礼，但是，一家老幼的生计已经难于维持，送死的费用终不及养生的来得迫切，死者的灵柩只好暂时停厝在一边，他们没有资格计较荣辱，为苟延这卑微的生存，他们只能负着哀疚，却顾不得世俗的那所谓"体面"。

然而也还是不行的。陈氏的母丧尚未终期，父亲又因为受了别人的牵累而被逮系狱了。

一对有了六十五岁年纪的老夫妇，这狱囚的父母所埋藏在心底的创痛和萌生在心头的希望，有待于儿孙去弥补去实现的，还都未曾弥补，未曾实现，突地遭逢到这般不名誉，而在他们又无力挽救的事件，这对于他们不是一个轻微的打击。他们由忧思造成疾病，在先后二百天内，这一对老夫妇相偕去世了。

于同一时间内，既要救生，又要送死，这年轻人自然绝无此种本领。他仍然只能把新近去世的祖父母，和先前去世的母亲殡在一起，强自压制住悲痛忧愤的情怀，用自己的全副时间和精力，奔走呼号，以营救因在狱里的父亲。

何怙所绝对信赖的这年轻人的前途，竟先以这般艰难的步武作了开端，而这年轻人的太太，自小生长于富室，而目前的夫家，被死亡、罪恶和困乏所统治着的，实在是太难为了她。这时候，她的母家察知了这一切，便把她接回去了。

太太走了。弟弟这时候也已是成年人，而且已经娶了妻子，为这窘迫的家况所逼,也携了妻子而就居于外。

这七零八落的家庭,几乎是断了炊烟的家庭了。所剩在这家庭里的,只还有陈氏的一个幼妹和一个婢女。就由这两个女子,守护着这三具待葬的棺木,守护着这满目荒凉的家园。

共经过两年左右的时间,到乾道四年(1168)四月,陈氏的父亲方由丞相叶衡等人的开脱而得以出狱。

生活是较前更加艰难了。过去所仅有的一些田地,因为连续不断的变故,已全都转卖于别人,几乎没有一尺一寸可以耕种的了,对于出了狱的父亲,连口腹之养也颇难以为力。而迟迟未葬的三丧,更终天刺着他的眼,椎着他的心。在生者和死者中间,他感到置身无地。一副生就的倔强性格,使他在这般穷困的时候也终不肯卑屈地向人家说穷告贷。和他居于同乡里的徐介卿,被他这一家的艰苦情况打动了怜悯心,提议要将自己的儿子送来从他受学,以便供给他一些束脩作为日用之资,然而连这件事也被他谢绝了。

在陈氏的心里,这时是又在打算着一桩别的事体。

七　南宋的政治、经济和军事上的诸问题

亘北宋一代的大问题，是对于法度的改革；亘南宋一代的大问题，是对于金人的和战。这两个问题，造成了两宋朝政中好几次的翻覆，迄于换朝改代然后停止。法度之应当改革与否，在南宋时依然是一个并未解决的问题，只因当时受到外来暴力的逼迫，几至于立国无地，亡国的威胁成了最严重的事件，法度问题便显得不怎么紧要，而其实，不仅问题依然存在，若从另一观点着眼，其严重性是并不在对外的和战问题之下的。

北宋的创业君主和佐命相臣，对于创法立制，都害着一种短视病，唯图迁就目前，不能就子孙百年之计着想，为了避免重蹈唐末五代时候的覆辙，他们存心要"事为之制，曲为之防"，在财用方面、军事方面、政治设施方面，无一不是如此。

晚唐五代，全国的财赋被割据的藩镇分划为无数个单位。宋太祖决意要改革这种分割局面，首先即把各镇的财政权收归朝廷，实行强干弱枝的政策。这政策果然奏效了，各地节度使的伸缩，一惟中央之命是听，于是实现了百年以来所不曾有过的统一局势。但财赋征收的权柄由州郡移到中央之后，财政上的问题并不就此完全解决。为了巩固皇家的统治地位，在藩镇的跋扈气焰减削之后，一般士大夫也还需要笼络，太平光景也还需要点缀粉饰，于是定了郊祀的制度，每三年举行一次，每次都要对臣下予以恩荫或赏赐。单是这项开支，每一次便须五六百万以上。为使一般官吏平素能循分守己，便于统辖，官吏薪俸都定得非常之高；对于由于老病或其

它事故而致仕的人，更定了祠禄制度，使罢官的人依然有固定的俸禄，而对于做官人的子孙弟侄甚至亲戚，又有极广泛的恩荫制度，使得遍天下大多是有官爵吃朝禄的人，安富居荣，以免更作非分之想；此外更常藉种种机会，对于中外大小文武官员予以额外的赏赉。这些，在前代是都不曾有过或虽则有过而也不似这般冗滥的。在宋代的财政上，这些却都成了正例以内的开销。因而在北宋开国之初，所征取于民间的财赋数目，并不较五代时减少得许多，人民的负担，与唐代极盛时候相较，已超过了一二倍之多。到太宗、真宗两朝，更要把一切的无业游民也编制于朝廷的御用势力之内，兵额年年加多，对民间的剥削自也有增无减，而结果，只能维持一个收支相抵的局面。到仁宗景祐、明道年间，一方面是天灾流行，一方面是迁延了五六年之久而未能平定的西夏战事，财用乃顿显窘乏，一时议论纷纷，莫不以此为虑。神宗时候，王安石出而变法，财赋的敛散之权更为朝廷所专有，经通盘筹画而定为青苗、免役等等赋税制度，本希望民不加赋而国渐富足，不料行之尚未见效，顽固迂执的旧派人物即合力攻沮，争执的目标，由对事转而为对人，最后乃完全变为意气之争，几经翻覆，政权落到了蔡京手中，假复行新法之名，行聚敛搜括之实，变行钞法，穷收地利，倡为"丰亨豫大"之说，引导徽宗走上穷奢极欲的路子，人民的贡纳到此便不可计数了。于是在南方便逼成了方腊的乱事，在北方则因约金灭辽、灭辽对金等问题，地方既受了糜烂，赋税也普遍地增加，跟着是靖康之祸。高宗南渡之后，小朝廷的规模几乎等于从新开创，中央的权威一时未能建树成功，屯驻在各地方的武将，由着各人的方便，聚敛着各地的民财。中原沦陷，东南半壁又正在残破之余，旧有的税额不足以供给朝廷的支应，于是又添出了许多新的名色：经总制钱、酒税、茶税、盐税等等，而折帛、月桩、和籴等项目，也逐渐由偶尔的收取变为经常的赋入了。似这般，每经一次大战，便增加一次赋敛，在既增之后，从来再不会有减除的事，于是南渡后税收的名目之多，是前此各代均所不及的。国用始终感觉困乏，而民力却已经无可为继了。

也是为要矫正唐末五代军人跋扈之弊，宋朝乃以绳墨文法立国：废人而用法，废官而用吏，威权和政柄不加划分，一切都操在国君手里，对于臣下，虽纤悉之微也处处设为禁防，唯以能够避免前代的流弊，算是立法的最大成功。用人是必须以资格渐进的，被用的人的流品怎样，聪明才智如何，这些是在此所不问的，因而不次之升迁是没有的，一切人的进身程序都是：由出身而关升，由关升而改官知县，由改官知县而为四辖六院，由四辖六院而为察官，由察官而为卿监，由卿监而为皇帝的侍从，由皇帝的侍从而为朝廷的执政大臣。另外也许由知州监司而为郎官，由郎官而为卿监，为侍从，为执政。资深者才得按序而进，格到者才得依次以迁。

大臣弄权的事，前代也常常有之，这也早在宋朝开国皇帝的鉴戒之列，于是他虽也赋予大臣以权柄，同时却又另外设立许多牵制的机关，或增添几个牵掣的人物，总以能使大臣不得专擅为目的。结果是"君子非不见贵，然小人亦得厕其间；正论非不见容，然邪说亦有时而用"。

科举方面也如此：取人全凭课试，课试全重在记问之学方面，一般从事于举业的士子，便全部习为空疏的议论或记诵几句陈言，对于现实问题却全缺少一点真知灼见。科场中既然录取了一些这样的人，官场中也就只好登用一些这样的人，及至这些人被登用之后，也便只能拿些浮文浮议互相敷衍或互相争论，临事治剧就大都手足不知所措，其势遂不能不仰赖于吏胥，吏胥便得藉此而上下其手，舞文弄墨，枉法徇私。为官的乐得不必任事，统治者乐得不生事端，一切只是因循故事，而通国政象乃入于疲软麻痹状态，无丝毫振作气象。

禁防越发严密，资历越发拘执，一般较为旷达而不愿为常格所拘束的豪杰之士，乃越发受到摈斥而不得其用。天下的人才遂因此而一半被弃置于拘泥的文程之外,一半被消磨于腐败的法度之中。

这样的政治机构,在国君精明强干的时候,自然确实易收制驭之效,但若国君的能力稍为平凡,则全盘的组织便会由松弛而至于停滞。而两宋的国君却实在没有几个英明有为的人,所以两宋的政治也就始终不能救治凡庸、疲顿和苟且因循诸病症。

然而最影响了宋朝的国祚,也最影响了千年来中国民族的命脉的,是在宋初强干弱枝政策下所造成的那军事的不竞。

自唐代中叶以后,府兵制度渐坏,募兵制代之而起,边兵之所以渐重,藩镇之所以能有飞扬跋扈的势力,都和这兵制改革有相当关联。宋太祖立志根绝藩镇割据的危机,收了他们的财权,也收了他们的兵权,而对于募兵制度却并未加以改革,只把各州郡的劲旅调到京师,编为禁军,边防重地即由这些禁军去更番戍守。军队没有固定的防地,也没有固定的将帅,只随着朝廷的方便而任意指派或调遣,在禁军之中便因此而造成"兵不知帅,帅不知兵"的现象。"国擅于将,将擅于兵"的恶习,和黄袍加身一类的把戏,从此全不会再演了,可是军事上的功能也因此而大为减削。

精壮的士兵既都收隶于禁军里面,各地方虽还驻些厢军,却大都是些老弱残疾,连防止盗贼的力量也没有。然而如果演成盗贼蜂起的局面,有时是也可以动摇统治者的地位的,为消弭这危机,遇到荒年便把饥民招收一次,填补在军队里面,于是军队的数量陆续增加,到真宗朝全国军队已达一百万之数。既缺乏训练,也没有好的管制方法,数目的增多只使得军队愈益腐化。王安石变行新法,想对此加以改革,遂在各路州郡实行保甲制度,总全国各地编制为五十万民兵,农隙加以训练,国家不必出养兵之费,地方则均可收捍卫实效。但后来法随人败,旧的兵制依然存在,而保甲制也大为各地人民所苦。竭尽天下的财力以养兵,竭尽天下的人力以从役,内外俱耗,本末并弱,及至外患来临,竟至丝毫没有抵御的能力了。

高宗南渡之初，军将跋扈的局面又几乎重现，刘光世、张俊之流，各驻一方，互相仇视，今日邀功请赏，明日就地征赋，对外没能建树什么功业，对内却先已吓坏了高宗皇帝。后来秦桧看明有此罅隙，便乘机用种种藉口对诸将或杀或废，把他们所领的兵一并收隶于"御前"，而总为四大屯驻兵，任他们不训练，不操作，逐渐疲弱下去。于是对于金人只能忍辱求和，不再作抵抗的准备。复仇雪耻的事，只为一般文士所呐喊，却深为操持军政大权的君相所讳言。

孝宗本是个有恢复大志的人，在即位之后即起用张浚，图谋大举，不幸张浚是个大言无实的人，一出兵即造成符离驿的惨败，孝宗也魄力不足，没有深虑远见，一遇顿挫便将原来的计划放弃，希图暂安于一时的无事了。

社会上倘真有能推动这种政治和军事力量的一种势力，则恢复之举也许不至即行绝望的。无奈这时候一般学士大夫都致力于身心性命之学，对于典章制度、礼乐兵刑之学都加以摈斥，逃避开现实，只闭了门做些正心诚意的迂阔而不济事的工夫。既直接地耗费了一般有为青年的心力，也间接地助成了朝廷上的屈辱政策。

一般的社会现象也如此。一阵离乱扰攘之局过去了，不论留下些若何重大的创伤和仇耻，都似乎在争先去忘记它，争先要去享受几天舒适生活；未来的劫难也许是无可避免的，然而只要一天不来，也就更乐得享受这一天，谁也不肯为了将来的危急存亡而整饬一下自己的生活，准备下自己所应贡献给这国家和社会的一份力量。于是在行都临安所能看到的，只是都人对于缔姻、赛社、会亲、送葬、集会、献神等等事项的铺张豪华；对于仕宦、恩赏的奔走经营，对于省禁台府的交通嘱托；要员中贵，大商豪民，买笑千金，呼卢百万，以至于痴儿骏子，密约幽会，也莫不夸富示奢，挥金如土，遂使一个战时首都竟有"销金锅儿"之号。然而和这些金银一同被销掉的,却还有一种最需要培植、最值得珍爱的同仇敌忾的民气。

大好时光就在这种文恬武嬉、上下偷惰的状态下玩忽过去。

当陈氏逐渐理解得世务的时代,就正是以上各问题交织在一起的时代。

八 "中兴五论"

扛荷着养生送死的重担,实际上又绝无此等力量的陈同甫,在宽广的世途中只有两条道路让他拣择:一条是向着当前的困陋低头,让自己的一切都为这困陋所吞噬;另一条是在有些时候把这些困陋硬压在自己的心底,将精力的大部分倾泄在一些应做的事情上。如果单是这式微的陈姓一家的儿子,他应当拣选前者,但现在的他,已经超越了一姓一家,而是一个国家和一个时代的产儿了,这家庭间养生送死的职责,在他看来,远不及这国家和时代所加于他的使命来得重要。要取得完成其使命的资格,他必须去取得一个进身的阶梯。就在父亲出狱的同年秋季,他又去参与婺州乡试,这一次他以"衮然首选"被贡荐于礼部。

在这一次乡试中,不再用他祖父所起的"陈汝能"那名字,他改名叫做陈亮。

回首和吕祖谦一同受试于两浙转运司的事,中间已经隔了五六年了。这五六年的时光,吕氏已逐渐成了举世所宗仰的大师,陈氏却困于接连不断的人事的蹉跎,到今才又得到一次被荐举的机会,得以一舒心中所郁结着的委屈。不论如何,这终算一件值得庆幸的事。而更为了这事件感到愉悦的,是陈氏的妻叔何恪,他所赏识的人的前途,毕竟还是未可限量的。

次年,即乾道五年(1169)的春天,他以解头资格而随试于礼部。他自揣颇有及第的可能,心头满贮着无限的希望:只要能打通这一关,他便可以对策大廷,尽量发抒他平生的抱负了。

结局是证明了他对自己的估计并不准确,他并没有为礼部所录取。

他不得不索手东归于家乡。

过去的一切,得意和失意的种种,世人对他的过分的褒奖和过分的谤伤,都回到他的心头,做他反省的资料。他偶尔翻阅杨龟山的语录,其中有一句似乎正在警告着他:"人住得,然后可以有为,才智之士非有学力却住不得。"读过这一句,他不禁恍然自失了,他疑心自己就正是由于学力不够而住不得的人,然则又能有什么作为呢?前途又颇显得茫茫然,他应该再去培植自己的学力。

但有时他又并不这么想。功名虽被别人得了去,别的场合却有正等待他去效力的地方。在国家的内政方面,有那么多应兴应革的问题,在对外的策略上,究竟要于和、战、守三者中如何取决,朝廷上也始终没有定见,只是朝三暮四地演着翻覆无常的把戏。在野人士都在纷纷表示意见,其中却又无一人能与他的意见相合,能说出他所要说的话。在此前,他在等待着科场中能给他说话的机会,那机会既不可得,他得另找机会将自己的谋略发表出去,他考虑着诣阙上书一条路。

诣阙上书,本是一般人所常用的方法,其中的大多数,都不免在心中有所觊觎,以此为攫取爵禄之术,因而凡是上书的人,社会上对之既都不免存一份鄙薄之心,朝廷上的大臣也多疑其别有居心而不肯细察其言。陈氏虽只是被一片赤诚所鼓动而出此,然在形迹上却与别人并不两样,他怎能逃开世俗的鄙薄,又怎能使执政大臣细察他所说的一切呢?这是他所非常踌躇顾虑的几点。然而胸怀韬略,就这样默尔而息,也不是一个热诚青年所能做到的事,因而终于归纳自己的意见,分写为五篇论文,他重回临安去把它呈奏于朝廷。

第一篇的题目是《中兴论》,主张早为恢复之计,并提出了具体的行军方案。首段陈说应该及早恢复的原因,以为有"在人

和"在己"两端。在人的方面是:

> 今虏酋庸懦,政令日弛,舍戎狄鞍马之长,而从事中州浮靡之习,君臣之间,日趋怠惰。……不于此时早为之图,纵有他变,何以乘之?万一虏人惩创,更立令主;不然,豪杰并起,业归他姓,则南北之患方始。

在己的方面是:

> 又况南渡已久,中原父老,日以徂谢,生长于戎,岂知有我?……河北诸镇,终唐之世以奉贼为忠义,狃于其习而时被其恩,力与上国为敌而不自知其为逆。过此以往而不能恢复,则中原之民乌知我之为谁?纵有倍力,功未必半。……则今日之事可得而更缓乎?

为能举国上下同心协力以对外,在内部也还有许多先决条件要做到:

> 清中书之务以立大计,重六卿之权以总大纲。
> 任贤使能以清官曹,尊老慈幼以厚风俗。
> 减进士以列选能之科,革任子以崇荐举之实。
> 多置台谏以肃朝纲,精择监司以清郡邑。
> 简法重令以澄其源,崇礼立制以齐其习。
> 立纲目以节浮费,示先务以斥虚文。
> 严政条以核名实,惩吏奸以明赏罚。
> 时简外郡之卒,以充禁旅之数。
> 调度总司之赢,以佐军旅之储。
> 择守令以滋户口——户口繁则财自阜。

> 拣将佐以立军政——军政明而兵自强。
> 置大帅以总边陲,委之专而边陲之利自兴。
> 任文武以分边郡,付之久而边郡之守自固。
> 右武事以振国家之势,来敢言以作天下之气。
> 精间谍以得虏人之情,据形势以动中原之心。

只要以上各点能够作到,他断定,不出数月,纪纲自定,比及两年,内外自实,人心自同,天时自顺。既然"耳同听而心同服","形同趋而势同利",则除非没有动作,一有动作,人民必唯我所使,敌人必发生内变,中兴之功即可跂足而待。

自然事情也并不如此简单容易。政略的成功未必即可决定疆场上的胜败,到了临阵决战的时候,也还得能出奇兵,用机术,才可以操胜算,于是他又进而对战略战术方面作了具体的规画:

> 窃尝观天下之大势矣:襄汉者敌人之所缓,今日之所当有事也。控引京洛,侧睨淮蔡,包括荆楚,襟带吴蜀,沃野千里,可耕可守,地形四通,可左可右。今诚命一重臣——德望素著、谋谟明审者,镇抚荆襄,辑和军民,开布大信,不争小利,谨择守宰,省刑薄敛,进城要险,大建屯田;荆楚奇才剑客,自昔称雄,徐行召募,以实军籍;民俗剽悍,听于农隙时讲武艺。襄阳既为重镇,而均、随、信阳及光、黄,一切用艺祖委任边将之法,给以州兵而更使自募,与以州赋而纵其自用,使之养士足以得死力,用间足以得敌情,兵虽少而众建其助,官虽轻而重假其权,列城相援,比邻相和,养锐以伺,触机而发。一旦狂虏玩故习常,来犯江淮,则荆襄之帅,率诸军进讨,袭有唐邓诸州,见兵于颍蔡之间,示必截其后,因命诸州转城进筑,如三受降城法,依吴军故城为蔡州,使唐邓相距各二百里,并桐柏山以为固,扬兵捣垒,增陴深堑,

招集土豪，千家一堡，兴杂耕之利，为久驻之基。敌来则婴城固守，出奇制变；敌去则列城相应，首尾如一。精间谍，明斥堠，诸军进屯光、黄、安、随、襄、郢之间，前为诸州之援，后依屯田之利。朝廷徙都建业，筑行宫于武昌，大驾时一巡幸，虏知吾意在京洛，则京、洛、陈、许、汝、郑之备当日增，而东西之势分矣；东西之势分，则齐秦之间可乘矣。

四川之帅，亲率大军以待凤翔之虏，别命骁将出祁山以截陇右，偏将由子午以窥长安，金、房、开、达之师，入武关以镇三辅，则秦地可谋矣。

命山东之归正者，往说豪杰，阴为内应，舟师由海道以捣其脊，彼方支吾奔走，而大军两道并进以揕其胸，则齐地可谋矣。

吾虽示形于唐、邓、上蔡而不再谋进，坐为东西形援，势如猿臂，彼将愈疑吾之有意京洛，特持重以示不进，则京洛之备愈专，而吾必得志于齐秦矣。

抚定齐秦，则京洛将安往哉！

此所谓批亢捣虚，形格势禁之道也。

就使吾未为东西之举，彼必不敢舍京洛而轻犯江淮，亦可谓乘其所之也。

又使其合力以压唐、蔡，则淮西之师起而禁其东，金、房、开、达之师起而禁其西，变化形敌，多方牵制，而权始在我矣。

第二篇的题目是《论开诚之道》，是针对着两宋君主之不肯相信大臣而发的：

仰惟陛下……嗣承大统于今八年，天下咸知其为真英主矣，而所欲未获，所为未成，虽臣亦为陛下疑之也。夫慷慨果敢，陛下固示之以必为之意矣，而天下之气索然而不吾应，或者明白洞达、开之以无隐之诚者容有未至乎？

夫任人之道，非必每事疑之而后非无隐之诚也。心知其不足任，而姑使之以充吾位；使之既久，而姑迁之以慰其心；身尊位大，而大责或不必任；职亲地密，而密议或不得闻；听其言，与之以位，而不责其实；责其实，迫之以目前，而不待其成；陛下自度任人之际颇亦有近于此者乎？如或近之，则非所谓明白洞达、开之以无隐之诚也。

故天下懦庸委琐之人，得以自容而无嫌；而狂斐妄诞之流，得以肆言而无忌；中实无能而外为欺罔；位实非称而意辄不满。平居则何官不可为，缓急则何人不退缩？是宜陛下当宁而叹天下人才无一之可用，而谓书生诚不足以有为，则非陛下之过也，天下之士有以致之耳。

虽然，何世不生才，何才不资世！天下雄伟英豪之士未尝不延颈待用，而每视人主之心为如何。使人主虚心以待之，推诚以用之，虽不必高爵厚禄而可使之死，况于其中之计谋乎！……臣愿陛下虚怀易虑，开心见诚，疑则勿用，用则勿疑，与其位勿夺其职，任以事勿间以言，大臣必使之当大责，迩臣必使之与密议。才不堪此，不以其易制而姑留；才止于此，不以其久次而姑迁。言必责其实，实必要其成。君臣之间相与如一体，明白洞达，豁然无隐，而犹不得雄伟英豪之士以共济大业，则陛下可以斥天下之士而不与之共斯世矣。不然，臣恐孤陛下必为之心，沮天下愿为之志，两相求而不相值也。

第三篇的题目是《论执要之道》，是针对着当时君主收揽政权太过分的弊端而发的：

臣窃惟陛下自践阼以来，亲事法宫之中，明见万里之外，发一政，用一人，无非出于独断。下至朝廷之小臣，郡县之琐政，一切上劳圣虑。虽陛下聪明天纵，不惮劳苦，而臣窃以为人主之职本在于辨邪正，专委任，明政之大体，总权之大纲，而屑屑焉一事之必亲，臣恐天下有以妄议陛下之好详也。……

今朝廷有一政事而多出于御批，有一委任而多出于特旨。使政事而皆善，委任而皆当，固足以彰陛下之圣德，而犹不免好详之名；万一不然，而徒使宰辅之避事者得用以藉口，此臣爱君之心所不能以自已也。

臣愿陛下操其要于上，而分其详于下。凡一政事，一委任，必使三省审议取旨，不降御批，不出特旨，一切用祖宗上下相维之法。使权固在我，不蹈曩日专权之患；而怨有所归，无代大臣受怨之失，此臣所以为陛下愿之也。

第四篇的题目是《论励臣之道》：

今陛下慨然念国家之耻，励复仇之志，夙夜为谋，相时伺隙，而群臣邈焉不知所急，毛举细事以乱大谋，甚者侥幸苟且，习以成风；陛下数降诏以切责之，厉天威以临之，而养安如故，无趋事赴功之念，复仇报耻之心；岂群臣乐于负陛下哉，特玩故习常，势流于此而不自知也。

臣愿陛下慨然兴怀，不御正殿，减膳撤乐，夕惕若厉，立群臣而语之曰："……群臣犹以朕可与有为，其各共厥职，勉趋厥事，上率其下，下勉其上，自度其力之不逮者，无尸厥官。……咸为朕思所以畏天爱民，求贤发政，富国强兵，复仇谋敌之道，无以小事塞责，无以小谋乱大，相与熟讲惟新之政，使内外有序。……"……而群臣不能惕然承意，竭力以报其上，是人而禽兽者也。诛之杀之，何所不可！诚使上下同心，君臣戮力，则何事之不济哉！

第五篇的题目是《论正体之道》：

> 臣闻君以仁为体，臣以忠为体，……故君行恩而臣行令。……君当其善，臣当其怨，君臣之体也；……君任其美，臣任其责，君臣之体也。今则不然，陛下锐意于有为，不顾浮议，而群臣持禄固位，多务收恩；陛下慨然立计，不屈丑虏，而群臣动欲随顺，图塞谿壑。使陛下孤立以主大计，群臣安坐而窃美名，是尚为得君臣之体乎？
>
> 臣愿陛下总揽大柄，端己责成，畏天爱民，以德自护；明诏大臣，使当大任，不惮小怨，不辞大艰。使天下戴陛下之恩，而严大臣之执守；敌人服陛下之德，而惮大臣之忠果，则何事之不济，何功之不成？

从这五篇论文当中，我们可以察见陈氏实事求是的精神。他不作好高务远的空谈，只指陈一些现实事件中的利弊，而期其有所改正。只要这些应兴应革的事件都能实现，他以为是可以计算着年月而完成恢复功业的。

但是，不论陈氏这次上书的动机是如何纯净，如何与那般心存利禄之辈有别，其所得的结果却和一般的上书之士相同，没有得到任何反响。

他不得不再转回家乡。而且他立定了一个志愿：从此要杜门不出，短期内不再参与人群中的荣辱利害之争了。

九　聚徒讲学

　　一只志在凌空飞翔的鸟，现在是因为撞伤了羽翼而不得不归伏于老巢当中了。为使将来仍能有再度远举高飞的能力计，在雌伏的期间还需要加意长养自身的羽毛。

　　在陈氏的困顿颠踬期内，学术思想方面却在一天天地变化着。朱熹、张栻、吕祖谦一般有功名有地位的人，都以道德性命之学往复唱和，相与上下其论，穷究义理的精微，推衍北宋周敦颐、张载、邵雍和程颢、程颐兄弟的余绪。论点并不全同，然而在大体上却是相同的。差别稍多的只有陆九渊兄弟所倡导的心学一派，而"原心于秒忽、较礼于分寸"，这在他们之间却是并无二致的。他们都大收徒众，讲学于一方，各自树立一个宗派，各自以理学或道学相称，于是这风气遂流行于时而不可遏止。凡是这几位大师的齿牙所至，莫不具有嘘枯吹生的魅力。一时的学士大夫们，不问自己的聪明才智是否适于此道，也不论自己的内心是否真乐于此道，只因抵挡不过这大力的鼓荡，各人都观望着这般大师们的意向风旨而随声附和着。

　　如果单为了成功或成名的方便，陈氏本也该屈己而归入这既成的流派当中，在归入之后，那里将不缺乏一些对他有用的标榜，因而他也可以拱手而获得世人的推崇与尊敬。

　　然而，举一世安于君父之大仇，而乃低头拱手以谈性命，专驰骛于空疏迂阔之途，高自位置于其他部门的学人之上而号曰道学家，对于治财赋的人则目之为聚敛，对于守边疆的人则目之为粗材，对于读书作文的人则目之为玩物丧志，对于留心政务的人则目之为俗吏凡夫，他们就只接触几本四书、通书、太极图、东西铭、以及语录之类，于当世急务概无所知，而反自诩是在为天地立心，为生民立命，为往圣继绝学，为万世开太平，这与风痹不知痛痒的人相去几何呢？这不是陈氏所能降己违心以相从的，他不能把学问看作虚玄的、纯然观念方面的东西，他不能向这种途径中讨取任何方便。于是在虚玄的道德性命学说以外，他揭出功利主义的大纛：

> 性命之微，子贡不得而闻，吾夫子所罕言，后生小子与之谈论不置，殆多乎哉。禹无"功"何以成六府，乾无"利"何以具四德，如之何其可废也！于是推寻孔孟之志，六经之旨，诸子百家分析聚散之故，然后知圣贤经理世故、与三才并立而不可废者，皆皇帝王霸之大略，明白简大，坦然易行。

他恨自己不曾及早将这种见解向世人传布，遂使道德性命之学风靡于一时。现在他既蛰居于家乡，面对着年老待养的父亲，面对着年久未殡的三丧，面对着一筹莫展的经济状况，而又感觉到有及早向世间传布其学理的必要，于是几年前乡人徐介卿向他建议的事情，他感觉到确是应该采纳照办的了。在乾道八年，他决定收徒讲学。

当一种学问已经奠定了社会地位，取得了社会人士的信心，而且能使人凭藉它钓取声名禄位的时候，人们对于标举异说的人，倘还在他们认为不值得用力去加以摧毁的时候，是也要以冷眼观望，甚或加以轻蔑的。事情发生在陈同甫身上，自然更是难免于此的。陈氏虽然少负不羁之才，却是长无乡曲之誉，功名和德业都不孚人望，人家将使其子弟来跟他学些什么呢？跟道学家们去学道德性命之学，那正和马援所说效法龙伯高的事一样，即使无成，犹不失为谨敕之士，所谓刻鹄不成尚类鹜，人们是可以放心的。从陈氏来受学,却和效法杜季良一般,倘使无成,即必陷为天下轻薄子,所谓画虎不成反类狗,便使作父兄的不能不有所顾虑了。因而在陈氏讲学授徒之后,只有平素对他具有较高的理解,或则为同情于他的贫困,或为了某一子弟的性情特别与他近似,才肯把子弟交付给他。在他讲学之初陆续前来的是卢任、徐硕、周扩、孙贯、吕约、周作、喻侣、喻南强、喻民献、何凝、胡括、钱廓、方坦、章椿、章舆、章允、章湜、章涛、章渭、章海等人。

然而,说陈氏就"三才"之中强调了人的职分,并且强调"学以致用"的道理,是对的;若以为陈氏的功利之说即是背弃纪纲、轻蔑仁义,却是一种诬蔑。发明纲常之大本,考求古今之沿变,这是他在读书为文时特别着眼着力之处。他以为,只要读书人有所用心,则六经诸史以至于一切学问全可以"资吾之陟降上下",全可藉以"推极皇帝王霸之略",正不必浪费工夫于"明心见性"的工作。他向学生讲授的,也只是几部经书和史书,他却极力阐发下学上达的道理,认定"千钱药却在篱笆边"。对于《尚书》,他以为只是记载古代帝王日用行常,发言立政,纲理世变的书。《诗经》,他以为只是道之平施于日用之间而不失其性情之正者。《周礼》一书,他以为所载莫非人道,因其人道具备,所以能周天下之理,通天下之变。《春秋》则最能尽事物之情,达时措之宜。《礼记》中的"曲礼""内则""少仪"等篇,所载更不过日用饮食洒扫应对一类事节,然就这些繁文末节也都能够穷神知化。专向《论语》中求微妙之言、上达之说的人,更为陈氏所痛斥,以为这样必将堕于榛莽之中,《论语》所载实无一而非下学之事。对于《孟子》严义利之辨,他从时代背景上说明其所以然,以为当战国扰攘变乱之际,非专行仁义则不能收矫正之急效,非倡保民之论、反本之策、民贵君轻之说,则不能安定民心,树立纲纪,因而义利之辨正是孟子时代一种最合时宜的理论。他以为所谓往圣不传之绝学者,其具体内容即全具于此,学者不应舍此而求之于虚无飘渺的心性之间。只要汲汲于这般下学之事，处处求与吾心之所同然者，功深力到，则他日之上达也全不逾乎此。

自从周室东迁以后，诸侯散而不一，大抵用智于寻常，争利于毫末。于世衰道微的时候，孔子乃发愤而述《春秋》，显微阐幽，谨严宽裕，如天之称物平施，如阴阳之并行不悖。天道人心，藉此得以不至全然隳坠。此后，唯有孟子还能通《春秋》之用，孟子之后，一般著书立说的人均汨没于记注一道，对于"功用之浅深，三才之去就，变故之相生，理数之相乘"，乃均无所知晓，于是天地之大经大法乃纷纷然不可以复正。直到唐代文中子有续经之作，《春秋》之用才又得以复明。从此等处所着眼，陈氏以为文中子的续经之作正合乎孔子之志，因而文中子的书也便成了陈氏教材的一种。

伊洛之学也在陈氏的讲求之列，然而他所着重的，不是他们的心性义理之学一方面，却特别偏重在他们讲明法度和是正礼仪的著作。他并且举出了顾子敦"欲就山间与程正叔读《通典》十年"的话，警戒自己不要再犯程氏忽视典制的病症，且也警告一般空疏虚伪而随声附和侈谈道德性命的人们。

在文学方面，汪洋恣肆一泻千里的苏东坡的文章，是陈氏所最喜欢的，当他作《酌古论》的时候便有意地加以模仿过。欧阳修的文章，雍容典雅，纡徐宽平，反覆以达其意，而其味又常洋溢乎意言之外，使人读之蔼然，备感亲切，因而也极为陈氏所欣爱。特别因为欧阳氏的文章能根乎仁义而达之政理，他便选取了一些与时文可以相通的，叫做"欧阳文粹"，让从学诸生去研读，作为应试的准备。前辈师友郑景望的"书说"和杂文，也因为能讲明帝王之所以纲理世变的道理，并可以作为时文范本，也同被选为教授资料。凡足以帮助他的学生到科场中去求取功名的一切事，他是无不尽心尽力的。

用了这束脩所得，几年来无时不萦系在他的心头，紧压在他的肩背上的一副重担，方才得以卸除——在乾道九年的十二月二日，他葬埋了他的母亲和祖父母。

这时候他可以专心奉养他的父亲了，却不料"子欲养而亲不待"，不幸的事不转瞬便又遭到，就在同年同月的二十四日，父亲也与世长辞了。

过去三丧之迟迟不葬，给他的痛苦实在太大，这次他不再迟延下去了，向别人告贷了一些用费，他马上把这丧葬的事料理了。

为了丧葬，他中辍了他的教读工作，但为了偿还这项料理丧葬的债务，他更急切需要一些收入。在坟土还未尽干的时候，他便又不得不恢复了那教读生涯。此后便一直继续了很久。

和这些事件相先后，平生最赏识陈氏的两位人物也都相继去世了：何恪死于乾道八年，周葵死于淳熙元年。

十 "三国纪年"

在这教读过程中,既然还是天天翻弄着六经诸史,推考一些皇帝王霸之略,和历代兴废长短之所由然,当他自觉昭然有所发见的时候,对于历代军政的得失,人物的盛衰,他依旧随时加以指陈和评判。而这期间最使他三复致意的,仍然是那与南宋世局约略相似的三国鼎峙的时代。

南宋的偏安,就其所居的地点而论,略似三国时候的孙吴;而南宋的君主,是前代帝室的胄裔,这点又与蜀汉略同。陈氏的愤慨依然是由这种比附产生出来的:刘备和汉献帝,虽属同族,但支派已远,南宋高宗之于徽钦二宗,则是父子兄弟之亲;而且蜀汉仅局限于巴蜀一隅,远不及南宋的辖地之大。在这样的比例下,南宋的作为,论理是应该超乎蜀汉之上的。然而事实是,蜀汉就靠那巴蜀一隅而能与吴魏兼争,北伐中原的志愿到亡国之顷且犹未已;而南宋则安于君父的大仇,觍颜以事女真。江南的孙吴,辖地也较南宋为小,然而划江自守,连蜀绝魏,甚至荒唐的孙皓且还存着"青盖入洛"的企图,而南宋君臣所能做到的,却只是向敌人叩首乞哀,苟延残局。兼有了吴蜀两国的地域,谋国的精神却不及两国中的任何一国。汉末的愚儒守文之弊,在南宋却是有过之无不及的:士大夫们是"论安言计,动引圣人",而当政的却也是"今岁不战,明年不征"。然而要想寻求诸葛亮、周瑜、陈登、孙策一般人物却是渺不可得了,甚至求一个能专任诸葛亮而始终不疑的刘后主那样的庸主也竟不可得了。是天时使然呢,是人事使然呢?这问题在他的脑子里萦迴着。

他必须把这些见地和愤慨抒发出去,于是他一方面诠次三国时代的君臣的行事,一方面把自己的意见与感慨写在论赞当中,在淳熙二年,他完成了这一部新作——《三国纪年》。

在这书的序引里,对于陈寿的《三国志》颇有微词,他以为那书对于三国一代的"世变"和"事几"都未能著明,接着是自己叙说他这部新作的体例:

> 魏实代汉,吾以法纪之,魏之条章法度,晋承之以有天下,于是乎有《书》,其诏若疏也有《志》,其臣若子也有《传》。
>
> 蜀实有纪,其体如传。条章不为书也,诏疏不为志也,未成其为天下也。志曰《汉略》,悲其君臣之志也。
>
> 吴与蜀同,彼是不嫌同体也,志曰《吴略》,著其自立也。
>
> 合而附之《魏书》,天下不可无正也。魏终不足以正天下,于是为《三国纪年》终焉。

根据这些话,我们可以约略推知,这全书的体例大概是分作两部分的:前一部分是纪传体,略如一切正史的样子,而名称则魏称"书",蜀、吴并称"略";后一部分是编年体,年经月纬,并列三国之年,似《通鉴》而稍异,而名之曰《三国纪年》。且即取后一部分的名字作为全书的总名。然而陈氏果曾将纪传和编年的文字作成没有,这却是一个疑问,现时存留于陈氏文集中的,只是一些论赞文字。他当时所寄与吕祖谦请其审阅的也只是这些论赞文字,因而吕氏对此也就非常怀疑,于阅过之后,即致书陈氏,加以称赞,也请其解答:

十 "三国纪年" 045

> 《三国纪年》序引及诸赞,累日已详看,用意高深处亦或得其一二,但大纲体制犹有未晓处。序云"魏于是乎有《书》,吴、蜀合而附之《魏书》",又云"魏终不足以正天下,于是为《三国纪年》终焉"。不知《魏书》与《纪年》是一书为复是两书?观三国诸君赞,却似迁、固史法,每君为纪,而系赞于后者。而《三国纪年》冠以甲子而并列魏、蜀、吴,则又似合三国为一者。所谓魏武以下诸赞,必不可系于此。既并列三国之年,必是通书三国事,今每君为赞,必知不系于此后,不知系于何处?岂《三国纪年》之外复叙每君之本末而系以赞耶?此皆未晓之大者也。……但来教谓"司马子长虽高,不欲学",而诸赞命意及笔势,又往往似之,何耶?因便并望见教。

陈氏如何答复了吕氏的这封信,在两家的书信当中均找不见一些踪迹,因而其中的一些问题,在今日的我们也还只能疑以存疑。

十一　第二次进出太学

满怀的抱负，泼剌剌的生命力，都使陈氏不能长期安居于寂寞之滨，作一个教书匠而消磨掉他后半生的岁月。他不是"为学问而学问"的，倘使学问这东西不能有裨于实用，他宁肯将学问放弃。如何才能把捉一个机会将他的学问和韬略实际施之于事功，依然是他夙夜最所关心的一件事。

怀着这样的念头，在他退隐于家乡八九年之后，他又跑去临安，第二次作了太学生。

学问不必到太学里去研究，他自己攻读所得，已经够他受用的了。朋友不必到太学里去交结，他所曾接触的多样性的社会已使他结纳了种种色色的人物了。他的文名也早已越过了太学中的博士们，因而他更用不到再去向他们学些东涂西抹、雕章饰句的事。所以，他之又进太学，只是想以此作为进身之阶，是无可疑的。

隶籍于太学中的人数，这时候是非常之多的，再加上由各地跑来应考的人们，陈氏的耳目所及，几乎有十万以上的士子，然而这芸芸众生给了他一种多么凡庸的印象，在这将近十万的人士当中，只要文墨稍异，便能够出类拔萃，出一出风头，而这样的风头在陈氏却已不看作了不起的事情了。

太学里的规程，是每年都要举行一次全体试验的，当陈氏第二次到太学后，在淳熙四年他也参加了一场"公试"。既已无视了太学中的人群，也便自然地无视了太学中的法规，当陈氏应试的时候，他不肯让试题把自己束缚住，他决定不论出什么试题，都要藉题发挥一下他自己的见地。

当然，他并不是不想把自己的姓名高高挂在榜头的，否则他又何必到太学来呢。所以不肯拘拘于既定的格套，在他，只是想以出奇而制胜罢了。他却并不曾想到：既然自投于网罗之内，是再不能容许有冲决这网罗的想头的。等到试榜揭晓时，他才知道他的失败，而心里却还猜疑着这是考官们的故意为难。

考官们实在并没有存心和他为难。他的文名使一般考官且不敢轻易地放过他的文卷，更不用说故意压抑他了。当试卷评判完毕，卷子上的弥缝尚未拆开时，有的考官竟至认为已经定为监魁的那卷子，一定便是陈氏的一份。

试榜业已揭晓，被取和被摈的卷子上的弥缝全都拆开了，到这时人们才发见陈氏的卷子竟是全场中最不合程式的那一份。口语纷然，大惊小怪，莫不认陈氏太过于狂妄无礼，有人甚至藉端造了许多足以谤伤他的话语，企图打动朝廷上的权要。这汹汹的情势，一直继续着哄闹了好几个月。

这便是他为什么在短期内又离去太学而重归家乡的缘故。

十二　再度上书和再度归隐

陈氏为什么汲汲于功名之途,这在前已经说过,是为要找一个施展其才能的机会。国家处于危急存亡之秋,当轴者却如醉梦中人一般,一个不是世家巨室出身的人,如果也没有功名,是连把这般人从醉梦中唤醒的力量也没有的。然而太学中这次的失败,使他感觉功名之途是走不成了。要达到救时的目的,还得再走另一条路。在淳熙五年的正月里,陈氏又跑到临安作第二次上书的尝试。

上距陈氏首次上书的日子,首尾已恰恰十年了。那次并没有换取到任何结果,徒然显得自己的多事和太热衷于利禄之途罢了,这教训陈氏还应该未至于忘怀,为什么竟又来作第二次的尝试呢?这一点,就正触着了陈氏的痛愤之处。

孝宗,虽是被太宗的后裔高宗选入宫中而继承了大位的,而他却是太祖的裔孙。太宗之所以继承了太祖的统绪,尽管"烛影斧声"的传说始终还介在可信可疑之间,而其绝非出于太祖本意,乃完全由太宗以阴谋而夺取来的,这却是在当时已经万口相传,一致共认的事。太祖的两个儿子,德昭和德芳,全遭了太宗的毒手,幸而德昭、德芳的孩子未被铲除净尽,这一枝派遂得以不绝如缕。而在太祖太宗这两个枝派中间,便也始终存在着一种嫌隙。金人攻陷了汴都,太宗的后裔几乎被他们一网打尽。当时甚至盛传金国的统兵元帅粘罕,生得颇与太祖有些仿佛,就是太祖转生来向太宗的后人报仇怨的。高宗是太宗嫡裔仅存的一个,却又偏偏没有子嗣,不得已才把孝宗从外边选入宫中为嗣子。当高宗晚年意志销颓,厌倦于一日万几的政务之时，便把皇位禅让给他。

两枝派间的积世仇隙，有了这项禅让事件已经全然抵销了，所以孝宗对于高宗极尽孝养之能事。然而想想自己祖先所弄得的一份江山，竟被太宗的不肖子孙断送了大半；再根据自身在民间时对于朝政的许多观感，这都使孝宗不能再继续高宗的忍辱政策。不幸他首先起用了张浚，招致了符离驿的挫败，从此满朝臣僚都不敢再谈兵事，而孝宗也便莫可奈何地再与金人议和了。

当陈氏第一次诣阙上书，距符离之败还没有好久，一般掌握朝政的不肯睬理他的话，也许是因为元气尚未大复之故吧。那么，到而今，又是十年了，朝廷上没有一点整军经武的举措，民气一天消沉一天，处处只是在斫丧着元气，进行着愚昧的自杀的勾当，哪里有恢复元气的希望呢？然而——

一日之苟安，数百年之大患也！

难道就坐视这般愚昧的人断送这国家民族的生命吗？难道还要等待这般愚昧的人置国家民族的生命于万劫不复之地吗，难道就坐视这个可以有为的天子被这一般愚昧的人群、迷濛的气氛所包围，让他也潦倒昏沉地延误时日，而不去开悟他吗？

为了这一切，他不能再顾及另外的一切，宁可将话说出了而仍不被人采纳，却绝不能默默然安坐家中，不把这危在旦夕的局面陈明揭穿。

"去！再到临安去上书！"胸中的热火鼓荡他这样做，危急的形势逼迫他这样做。

书是二月二日奏进的，其大略为：

臣窃惟：中国，天地之正气也，天命之所钟也，人心之所会也，衣冠礼乐之所萃也，百代帝王之所以相承也，岂天地之外夷狄邪气之所可奸哉！不幸而奸之，至于挈中国衣冠礼乐而寓之偏方，虽天命人心犹有所系，然岂以是为可久安而无事也？使其君臣上下苟一朝之安而息心于一隅，凡其志虑之经营，一切置中国于度外，如元气偏注一肢，其他肢体往往萎枯而不自觉矣，则其所谓一肢者又何恃而能久存哉？天地之正气郁遏于腥膻而久不得骋，必将有所发泄，而天命人心固非偏方之所可久系也。……

恭惟我国家二百年太平之基，三代之所无也；二圣北狩之痛，汉唐之所未有也。堂堂中国，而蠢尔丑虏安坐而据之，以二帝三王之所都而为五十年犬羊之渊薮，国家之耻不得雪，臣子之愤不得伸，天地之正气不得而发泄也。

方南渡之初，君臣上下，痛心疾首，誓不与虏俱生，卒能以奔败之余而胜百战之虏。及秦桧倡邪议以沮之，忠臣义士斥死南方，而天下之气惰矣。三十年之余，虽西北流寓皆抱孙长息于东南，而君父之大仇一切不复关念，自非逆亮送死淮南，亦不知兵戈之为何事也，况望其愤中国之腥膻，而相率北向以发一矢哉！丙午、丁未之变，距今尚以为远；而靖康皇帝之祸，盖陛下即位之前一年也。独陛下奋身不顾，志在灭虏，而天下之人安然如无事时，方口议腹非，以陛下为喜功名而不恤后患，虽陛下亦不能以崇高之势而独胜之，隐忍以至于今，又十有七年矣！……河洛腥膻，而天地之正气抑郁而不得泄，岂以堂堂中国，而五十年之间无一豪杰之能自奋哉！其势必有时而发泄矣；苟国家不能起而承之，必将有承之者矣；不可恃衣冠礼乐之旧，祖宗积累之深，以为天命人心可以安坐而久系也。……

今丑虏之植根既久，不可以一举而遽灭；国家之大势未张，不可以一朝而大举；而人情皆便于通和者，劝陛下积财养兵以待时也。臣以为通和者所以成上下之苟安，而为妄庸两售之地，宜其为人情之所甚便也。自和好之成，十有余年，凡今日之指画方略者，他日将用之以坐筹也，今日之击毬射雕者，他日将用之以决胜也；府库充满，无非财也；介胄鲜明，无非兵也；使兵端一开则其迹败矣。何者？人才以用而见其能否，安坐而能者不足恃也；兵食以用而见其盈虚，安坐而盈者不足恃也。而朝廷方幸一旦之无事，庸愚龌龊之人，皆得以守格令、行文书，以奉陛下之使令，而陛下亦幸其易制而无他也，徒使度外之士摈弃而不得骋，日月蹉跎而老将至矣。臣故曰：通和者所以成上下之苟安而为妄庸两售之地也。东晋百年之间，未尝与虏通和也，故其臣东西驰骋而多可用之才。今和好一不通而朝野之论常如虏兵之在境，惟恐其不得和也，虽陛下亦不得而不和矣。昔者金人草居野处，往来无常，能使人不知所备，而兵无日不可出也。今也城郭宫室，政教号令，一切不异于中国，点兵聚粮，文移往返，动涉岁月，一方有警，三边骚动，此岂能岁出师以扰我乎？是固不知势者之论也。然使朝野常如虏兵之在境，乃国家之福，而英雄所用以争天下之机也，执事者胡为速和以惰其心乎？……南北角立之时，而废兵以惰人心，使之安于忘君父之大仇而置中国于度外，徒以便妄庸之人，则执事者之失策亦甚矣，陛下何不明大义而慨然与虏绝也？贬损乘舆，却御正殿，痛自克责，誓必复仇，以励群臣，以振天下之气，以动中原之心。虽未出兵，而人心不敢惰矣；东西驰骋，而人才出矣；盈虚相补，而兵食见矣；狂妄之辞不攻而自退，懦庸之夫不却而自退缩矣；当有度外之士起而惟陛下之所欲用矣。是云合响应之势而非可安坐而致也。……

陛下愤王业之屈于一隅，励志复仇，而不免籍天下之兵以为强，括郡县之利以为富，加惠百姓而富人无五年之积；不重征税而大商无巨万之藏；国势日以困竭，臣恐尺籍之兵，府库之财，不足以支一旦之用也。

陛下早朝宴罢，以冀中兴日月之功，而以绳墨取人，以文法莅事，圣断裁制中外而大臣充位；胥吏坐行条令而百司逃责；人才日以阘茸，臣恐程文之士，资格之官，不足以当度外之用也。

艺祖皇帝经画天下之大略，太宗皇帝已不能尽用，臣不敢尽具之纸墨，今其遗意岂无望于陛下也？陛下苟推原其意而行之，可以开社稷数百年之基，而况于复故物乎？不然维持之具既穷，臣恐祖宗之积累亦不足恃也。陛下试幸令臣毕陈于前，则今日大有为之略必知所处矣：

夫吴蜀天地之偏气也，钱塘又吴之一隅也。当唐之衰，而钱镠以闾巷之雄起王其地，自以不能独立，常朝事中国以为重。及我宋受命，俶以其家入京师，而自献其土。故钱塘终始五代被兵最少。而二百年之间，人物日以繁盛，遂甲于东南。及建炎绍兴之间，为六飞所驻之地，当时论者固已疑其不足以张形势而事恢复矣。秦桧又从而备百司庶府以讲礼乐于其中，其风俗固已华靡；士大夫又从而治园囿台榭以乐其生于干戈之余，上下宴安，而钱塘为乐国矣！一隙之地本不足以容万乘，而镇压且五十年，山川之气盖亦发泄而无余矣。故谷粟桑麻丝枲之利，岁耗于一岁；禽兽鱼鳖草木之生，日微于一日；而上下不以为异也。公卿将相大抵多江浙闽蜀之人，而人才亦日以凡下，场屋之士以十万数，而文墨小异已足以称雄于其间矣。陛下据钱塘已耗之气，用闽浙日衰之士，而欲鼓东南习安脆弱之众，北向以争中原，臣是以知其难也。

荆襄之地，……本朝二百年之间降为荒落之邦，北连许汝，居民稀少，土产卑薄，人才之能通姓名于上国者如晨星之相望。况至于建炎、绍兴之际，群盗出没于其间，而被祸尤极。以迄于今，虽南北分画交据，往往又置于不足用，民食无所从出，而兵不可由此而进，议者或以为忧，而不知其势之足用也，其地虽要为偏方，然未有偏方之气五六百年而不发泄者，况其东通吴会，西连巴蜀，南极湖湘，北控关洛，左右伸缩，皆足为进取之机。今诚能开垦其地，洗濯其人，以发泄其气而用之，使足以接关洛之气，则可以争衡于中国矣。是亦形势消长之常数也。

陛下慨然移都建业，百司庶府皆从草创，军国之仪皆从简略，又作行宫于武昌以示不敢宁居之意，常以江淮之师为虏人侵轶之备，而精择一人之沈鸷有谋、开豁无他者，委以荆襄之任，宽其文法，听其废置，抚摩振厉于三数年之间，则国家之势成矣。至于相时弛张以就形势者，有非书之所能尽载也。

石晋失卢龙一道以成开运之祸，盖丙午、丁未岁也，明年艺祖皇帝始从郭太祖征伐，卒以定天下；其后契丹以甲辰败于澶渊，而丁未、戊申之间，真宗皇帝东封西祀以告太平，盖本朝极盛之时；又六十年而神宗皇帝实以丁未岁即位，国家之事于是一变矣；又六十年而丙午、丁未，遂为靖康之祸，天独启陛下于是年，而又启陛下以北向复仇之志；今者去丙午、丁未近在十年间耳，天道六十年一变，陛下可不有以应其变乎？此诚今日大有为之机，不可苟安以玩岁月也。

臣不佞，自少有驱驰四方之志，常欲求天下豪杰之士而与之论今日之大计，盖尝数至行都，而人物如林，其论皆不足以起人意，臣是以知陛下大有为之志孤矣。辛卯、壬辰之间，始退而穷天地造化之初，考古今沿革之变，以推极皇帝王伯之道，而得汉魏晋唐长短之由，天人之际，昭昭然可察而知也。

始悟今世之儒士，自以为得正心诚意之学者，皆风痹不知痛痒之人也，举一世安于君父之仇，而方低头拱手以谈性命，不知何者谓之性命乎！陛下接之而不任以事，臣于是服陛下之仁。

又悟今世之才臣，自以为得富国强兵之术者，皆狂惑以肆叫呼之人也。不以暇时讲究立国之本末，而方扬眉伸气以论富强，不知何者谓之富强乎！陛下察之而不敢尽用，臣于是服陛下之明。

陛下励志复仇，足以对天命；笃于仁爱，足以结民心；而又仁明足以临照群臣一偏之论，此百代之英主也。今乃驱委庸人，笼络小儒，以迁延大有为之岁月，臣不胜愤悱，是以忘其贱而献其愚。陛下诚令臣毕陈于前，岂惟臣区区之愿，将天地之神，祖宗之灵，实与闻之。干冒天威，罪当万死。

因为目前所急需解决的，依然是十年前的那些问题，所以这奏疏中所论列的，和十年前在"中兴五论"中所论述的也大致相同，依然是主张把行都由临安移至建康，以便利用那边的形势，信任大臣以振作内政，信任大将以鼓励军心，并废弃文法绳墨而多用不为法度所羁的豪杰之士等等。

但与十年前不相同的，是局势更加危迫，朝廷上的表现也更少希望了，于是他立论再不能像前此那般和平了，在笔下，他要痛斥一切参与在这待亡局面中的人物，不论他是握持政柄的重臣，或是在社会上享有大名并具有领导作用的大儒。他断定能够帮助孝宗谋恢复的绝不是这一般人，而应是那些素被摈斥的、不拘守绳墨法度的英雄豪杰。

另外的一些机要方略，他向孝宗要求一个召见的机会，去当面陈明。

他一心等待着这召见的机会，一直等到第八天却还不见有何动静，他再也耐不住了，便又写了第二封奏疏呈上。大略是：

……臣恭惟皇帝陛下励志复仇，不肯即安于一隅，是有大功于社稷也，而天下之经生学士讲先王之道者，反不足以明陛下之心。陛下笃意恤民，每遇水旱，忧见颜色，是有大德于天下也，而天下之才臣智士，趋当世之务者，又不足以明陛下之义。

论恢复则曰修德待时，论富强则曰节用爱人，论治则曰正心，论事则曰守法。君以从谏务学为美，臣以识心见性为贤。论安言计，动引圣人，举一世谓之正论，而经生学士合为一辞以摩切陛下者也。夫岂知安一隅之地则不足以承天命，忘君父之仇则不足以立人道，民穷兵疲而事不可已者不可以常理论，消息盈虚而与时偕行者不可以常法拘。为天下之正论而不足以明天下之大义，宜其取轻于陛下也。

论恢复则曰精间谍、结豪望，论富强则曰广招募、括隐漏，论治则曰立志，论事则曰从权。君以驾驭笼络为明，臣以奋励驱驰为最。察事见情，自许豪杰，举一世谓之奇论，而才臣智士合为一辞以撼动陛下者也。夫岂知坐钱塘浮侈之隅以图中原则非其地，用东南习安之众以行进取则非其人，财止于府库则不足以通天下之有无，兵止于尺籍则不足以兼天下之勇怯。为天下之奇论而无取于办天下之大计，此所以取疑于陛下者也。

三光五岳之气分，而人才之高者止于如此。经生学士既揆之以大义而取轻，才臣智士又权之以大计而取疑，陛下始不知所仗而有独运四海之意矣。故左右亲信之臣又得以窥意向而效忠款，陛下喜其颐指如意，而士大夫亦喜其有言之易达也，是以附会之风浸长，而陛下之大权移矣。寻常无过之人，安然坐庙堂而奉使令，陛下幸其易制无他，而天下之人亦幸其苟安而无事也，是以迁延之计遂行，而陛下大有为之志乖矣。

> 陛下励志复仇，有大功于社稷；笃意恤民，有大德于天下；而卒不免笼络小儒，驱委庸人，以迁延大有为之岁月，此臣之所以不胜忠愤，而斋沐裁书，择今者丁巳而献之阙下，愿得望见颜色，陈国家立国之本末而开大有为之略，论天下形势之消长，而决大有为之机，务合于艺祖皇帝经画天下之本旨。然八日待命而未有闻焉。夫匹夫匹妇不获自尽，民主罔与成厥功。使天下之言者越月逾时而后得报，在安平无事之时犹且不可，今者当陛下大有为之际，陈天下之大义，献天下之大计，而八日不得命焉，臣恐天下之豪杰得以测陛下之意向，而云合响应之势不得而成矣。
>
> 陛下积财养兵，志在灭虏，而不免与之通和以俟时，固已不足以动天下之心矣。故既和而聚财，人反以为厉民；既和而练兵，人反以为动众。举足造事皆足以致人之疑。议者惟其不明大义以示之，而后大计不可得而立也。苟又无意于臣之言，则天下愈不知所向矣。张浚始终任事，竟无一功可论，而天下之儿童妇女不谋同辞，皆以为社稷之臣，彼其誓不与虏俱生，百败而不折者，诚有以合于天人之心也。秦桧专权二十余年，东南赖以无事，而天下之童儿妇女不谋同辞，皆以为国家之贼，彼其忘君父之仇，而置中国于度外者，其违天人之心亦甚矣。陛下将以办天下之大计，而大义未足以震动天下，亦执事者之所当亟正而预计也。臣区区之心皆已具之前书，惟陛下裁幸。

这里是更露骨地对当时在苟安状态中讨生活的君臣们加以针砭了：尽管外侮的来势如何凶猛，负了军政大责的君臣们却总不缺乏容忍这屈辱的藉口，将复仇雪耻的实行期限全摆在渺不可知的心诚意正、时到势成之时。在这种种口实下延宕着，藉以保持着各自的荣名和禄位。为他们私人打算总算是成功了，而却正是陈氏所最不能忍的。他对这类的藉口一一加以抨击，甚且举出张浚和秦桧的事例来，说明图谋恢复而失败，也终胜于甘于屈辱而苟安。他希望孝宗能够因为这些指陈而醒觉，或因为这些儆戒而振奋。

召见的愿望既非达到不可，他在末段中便说了许多"危言耸听"的话，仿佛此后人心之是否响应，豪杰之是否为用，全系于孝宗这次对他的态度上面了。

究竟是那一点生了效，虽则无法确知，而这一次却确实有了效果，虽则还不是他所期望的那效果。

孝宗想依照太宗录用隐逸种放的故事，录用这一位上书论事的人。在录用之前，先叫他到都堂去受执政的审察。

受命负审察责任的是同知枢密院事赵雄等两三人，他们要听取陈氏还有些什么意见要陈述。

陈氏在两次奏疏中所指斥的当国臣僚，实际就包括赵雄一般人在内，因而陈氏很明白这般人正在如何憎恨他，即使将自己的意见和盘托出，他们也不会照样转达的，于是他只就复仇雪耻、立国规模和用人标准三方面略述其纲领：

其一曰：二圣北狩之痛，盖国家之大耻而天下之公愤也。五十年之余，虽天下之气销铄颓惰，不复知仇耻之当念，正在主上与二三大臣振作其气以泄其愤，使人人如报私仇，此《春秋》书"卫人杀州吁"之意也。若只与一二臣为密，是以天下之公愤而私自为计，恐不足以感动天人之心，恢复之事亦恐茫然未知攸济耳。

其二曰：国家之规模，使天下奉规矩准绳以从事，群臣救过之不给，而何暇展布四体以求济度外之功哉。故其势必至于委靡而不振。五代之际，兵财之柄倒持于下，艺祖皇帝束之于上以定祸乱，后世不原其意，束之不已，故郡县空虚而本末俱弱。今不变其势而求恢复，虽一旦得精兵数十万，得财数万万计，而恢复之期愈远。就使虏人尽举河南之地以还我，亦恐不能守耳。

其三曰：艺祖皇帝用天下之士人以易武臣之任事者，而五代之乱不崇朝而定。故本朝以儒立国，而儒道之振独优于前代。今天下之士，烂熟委靡，诚可厌恶，正在主上与二三大臣反其道以教之，作其气以养之，使临事不至乏才，随才皆足有用，则立国之规模不至戾艺祖皇帝之本旨，而东西驰驱以定祸乱，不必专在武臣也。前汉以军吏立国，而用儒以致太平，要之人各有家法，未易轻动，惟在变而通之耳。

当人们把睡梦状态视为正常的状态时，一切想打破这睡梦状态的人自然不免显得太好兴风作浪。陈氏的这一番议论，虽然正说中了其时的病痛，无奈人家讳疾忌医，越是触着病痛所在，就越是触犯了禁忌。现在的政权和军权都操在他们手中，要在军事和政治方面有甚么发动，也只应由他们去发动指使，现实局面日益险恶，拯救之责也在他们身上。但既然是一般庸懦的人，他们只以多得一日的苟安，多做一天的太平大臣为得计，对军对政，他们都愿意任其不死不活的保持现状，对险恶的现实，他们只要掉头不顾，日子也照常可以过得去，一切都用不着不在其位的人来多嘴惹厌，现在赵雄等人所面对着的正是一个毫无地位，而又放言无忌的人。当他们拱着手听完这些议论之后，其相顾骇然，甚而不胜其忿怒的样子，正是必然的结果。陈氏到此也便只有惶恐地退了出来。

这时候，皇帝的左右亲近之臣也都知道陈氏将被擢用了，他们照例要玩一次掠美市恩的把戏。最为孝宗所宠幸的曾觌，略具文才，平素最爱和一般文士相拉拢，这时便首先跑去会见这位行将被用的人。

陈氏的上书言事，是否真如一般人所致疑的，只因热衷于利禄，希图以此作为进身之阶呢？这正是一个极好的试验。

果如人们所说，则急于进身而不想一借别人的齿牙，不先去晋谒正在操权弄柄的人，已经是违反了干禄方术，现在，既已惊动了那样的一个人，而且已经使他甘于先行下拜了，则这一番隆情盛谊又岂有拒而不受之理呢？然而陈氏却是拒绝了，在大臣的面前尚且不肯屈己以讨好，更那里肯将自己先为幸臣所玷污呢？当曾觌到他的住所求见的时候，他从院墙上跳出去，躲开了。

既然是正在玩弄着皇帝的威柄的人，在曾觌，自然忍受不下这样的羞辱，他有方法使陈氏知道他的威权。在孝宗的面前，从此便有不少非难陈氏的话语。陈氏两次所上的奏疏，原是不拟宣布的，这时也全被公布出来了。公布的用意，无疑的是要利用那奏疏的内容，更加重一般王公贵臣和学士大夫们对于陈氏的憎恶。

被陈氏的议论所惊骇了的赵雄等人，当覆奏其审察意见的时候，也只加了一句极带鄙夷神气的评语：

秀才说话耳！

众怒难犯，陈氏这时候却几乎是犯了众怒，在内外合力沮遏之下，他知道召见的机会绝难希望了，于是在审察之后的第二天，他又上了第三封奏疏：

臣窃惟艺祖皇帝经画天下之大略，盖将上承周汉之治，太宗皇帝一切律之于规矩准绳之内，以立百五六十年太平之基，至于今日而不思所以变而通之，则维持之具穷矣。举江浙闽广之士，亡虑十四五万数，蜀不与焉，而龌龊拘挛，日甚于一日；选人之在铨者殆以万计，而侥幸之源未有穷已；财用之入，倍于承平之时，而费于养兵者十之九，兵不足用而民日以困，非必道微俗薄而至此也，盖本朝维持之具，二百年之余其势固必至此，艺祖皇帝固已逆知之矣。使天下安平无事,犹将望陛下变而通之,而况版舆之地半入于夷狄,国家之耻未雪,臣子之痛未伸,天锡陛下以非常之智勇,而又启陛下以北向复仇之意,乃欲因今之势而有为焉,此所以十有七年之间,圣虑愈劳而取效愈远也。群臣既不足以望清光,而草茅贱士不胜忧国之心,私以为陛下春秋五十有二,经天下之事变为已多,阅天下之义理为已熟,举足造事,必不伤国家之大体,叩囊底之智犹足以办此丑虏,六十以往,顾将望一日之安,而亦何忍遗患于后人乎?臣以为拘挛龌龊之中,其势当有卓然自奋于草茅而开悟圣聪者,臣不自量其分之不足而窃有志焉,是以具国家社稷之大计,质之天地鬼神而献之阙下,陛下亦卓然拔之群言之中,特命大臣察其所欲言之意。臣妄意国家维持之具至今日而穷,而艺祖皇帝经画天下之大指,犹可恃以长久,苟推原其意而变通之,则恢复不足为矣。

然而变通之道有三:有可以迁延数十年之策,有可以为百五六十年之计,有可以复开数百年之基,事势昭然而效见殊绝,非陛下聪明度越百代,决不能一二以听之,臣不敢泄之大臣之前,而大臣拱手称旨以问,臣亦姑取其大体之可言者三事以答之,而草茅亦不自知其开口触讳也。……而所谓数十年之策,百五六十年之计,数百年之基,与夫恢复之形势,事大体重,苟未决之圣心,则不可泄之大臣之前也,故止陈其大略之可言者三事以答之,二三大臣已相顾骇然,而臣亦皇恐而退。疏远草茅,宁复有路以望清光乎。

马周,一时琐琐之才也,太宗喜其为常何陈事,召使面对,未至之间,使者连数辈趣之。使有能为太宗开礼乐法度者,其召之当不容喘矣。陛下聪明迈越太宗,而拔臣于群言混淆之中,孤立以行一意,卒不免泯没而止,其罪在臣之踪迹不明,有以误陛下也。

> 臣本太学诸生，自忧制以来，退而读书者六七年矣。虽蚤夜以求皇帝王伯之略，而科举之文不合于程度不止也。去年一发其狂论于小试之间，满学之士口语纷然，至腾谤以动朝路，数月而未已，而为之学官者迄今进退未有据也。臣自是始弃学校而决归耕之计矣，旋复自念，数年之间所学云何，而陛下之心臣独又知之，苟徒恤一世之谤而不为陛下一陈国家社稷之大计，将得罪于天地之神与艺祖皇帝在天之灵而不可解，是故昧于一来。旧名已在学校之籍，于法不得以上书言事。使臣有一毫攫取爵禄之心，以臣所习科举之文更一二试，而考官又平心以考之，则亦随例得之矣，何忍假数百年社稷之大计，以为一日之侥幸，而徒以累陛下哉！世固有却万钟之禄而不受者，亦有争一钱以至于相杀者，人情相去之远何啻于十百千万也，而臣欲持空言以自明亦浅矣。然审察十日而不得自便之命，臣将无以自见于山林之士，徒以伤陛下招致天下豪杰之道。臣今更待罪三日而后渡江，誓将终老田亩以弭群论，以报陛下拔臣言于众中之恩，故昧死拜书以辞于阙下。臣阖门数十口，去行都无四百里，当席藁私室以听雷霆之诛。干冒天威，罪当万死。

虽则文末说明是以此疏辞阙的，其语意间却还是在希望能因此疏而达到"召见"的目的。然而大臣和佞臣们联合在一起所玩弄的诡计，终比陈氏的千言万语有力得多多，疏远草茅到底是无路以望清光了。

然而，陈氏既曾引惹了皇帝的注意，若这次就让他一无结果的归去，谁能保定他以后不再来肆口哓哓呢？问题是还得设法安顿这个不安分的人，给他一个闲散秩名，打消他的法度之外的妄想，另外也可以有话向孝宗去作交代。又是大臣和佞臣们一致磋商之下，他们共通作了这样的决定。在他们的浅见之下，总还认定陈氏此举的用意是要猎取禄位的。

> 岂有欲开社稷数百年之基，乃用以博一官乎！

以此作为对他们的回答，陈氏又愤慨地离开行都东归了。

一副强韧的性格，使陈氏一直在克服着他所遭遇到的种种挫折，不让他们成为吞噬自己的恶魔，把自身的前途紧紧握在自己的手中。

既已决意不向科场中去和后生们较胜负了，现在却又在他所选定的另一途程中碰了壁。所不惜奔波连颠以求之的，在备尝了艰难险阻之后却依然未曾获得。在意志颓丧中他回到家乡，再加上人家一些嘲讽讥笑，使他成了一个毫无主宰的人。一向不曾把他制服了的那百般的磨难，现在他向着它们第一次低头了！

一切不合理的念头，都跟踪而来，在他的脑子里回旋着。

——依旧继续过去的攻读生涯吗？过去攻读之所得迄尚不能得到见之施行的机会，何必更去继续呢？

——去经营生意吧？那又如何能干得来呢？

——安心去作一个躬耕陇亩的农夫吧？将来的归着又将何在呢？

——士农工商既全非可以安身立命之地，那么，索性放浪于形骸之外，终日醉生梦死于酒天花地中吧？这样，既可以忘怀于一切，也庶几可以自别于一般士君子之列。然而年岁已经过了适合于那种生活的时节，岂不徒然招惹人家的非笑吗？

为这些芜杂矛盾的念头所困惑，喜怒哀愁，他完全失去了自主的能力，有时一阵叫呼，有时一阵嚎啕，而有时又无端地拊掌大笑一阵。

最后是，离开了朋友，也丢弃了书册，怀着一颗灰冷的心，偕同着自己的妻孥，把岁月的大部分消磨到田野中去。

一个要为全民族的生存作防御战的斗士，现在是只努力于营求一身一家的温饱了。

十三　最知己的朋友吕东莱

在陈氏退隐的生活当中，作为他精神上最重要的支柱物的，是一个人所给予他的温暖的友情。

陈氏在太学考试中所惹出的风波，和紧接着的赴阙上书的举动，不但深受太学和政府里边一般人的憎恨，在朋辈中间也有不少对他误解的。当面，或从函件当中，他接受到不少的规诫。有的说：

> 收敛些呀，不要作些太遭人忌恨的事呀，忌嫉之徒乘间毁谤，可怕的很啊。

又有的说：

> 不必太热衷于功名啊，每三年都有三百个穿绿袍子的人，这有什么可以动心的呀。

这些都是从朋友口中说出的话，是些多么不知己的朋友啊。然而在这些友人当中，究竟还有一个最能理解他、体贴他的人。

前曾提及的金华吕祖谦（1137～1181），年长于陈氏五六岁，曾和陈氏于绍兴三十二年一同参与过两浙转运司的考试，那时候，他们还不相认识。过后没有好多年，时间老人已在他们身上造成了极大的差别。正如生在不同地点的同一种草木，因其所在地的土性肥硗以及所受阳光和雨露的多少而有极不相同的发育一般，由于人事之不齐，陈氏的行谊始终不能表见于乡里，文章也始终不能自奋于场屋，而吕氏却逐渐以其道德学问而成为举世尊仰的师表了。

吕氏是一个心地极和平、气宇极宽宏、识量极恢廓的人，状貌不逾于中人，衣冠也不异于流俗，处处都表现得平易近人，蔼然可亲。对于心性义理之学，他有极深湛的造诣，和当时的朱熹、张栻等人齐名，但他并不拘限于此，对于经学、史学、文章，他都一样致其功力，不立任何涯岸。而且，稽诸中原文献之所传，博诸四方师友之所讲，参贯融洽，无所偏滞，毫无宗派之见，也几乎可以说是博学而无所成名的。

孝宗乾道三四年（1167～1168），吕氏开馆教授生徒于武义县的明招山中，是在这时候，陈氏方由吕氏门人叶适的介绍而得与吕氏相识的❶。相识之后，两人间的关系便日益亲密，相互过从，作一些学问上的商讨，或以道德相砥砺。陈氏每作一文，每刻一书，有便必先送与吕氏，吕氏每次也都开诚相与，坦白地说出自己的意见，陈氏则再参照这意见而将自己的文字加以修正。

当陈氏于乾道五年举进士不第，上"中兴五论"不报，退而隐居于家乡之后，既遭逢着家庭的变故，在学术上也正是意欲独树门庭而由于自身声望低浅使他树立不起的时候，他分所应得的一份待遇便是被世人所遗忘，而他也的确被世人遗忘了。这时候，就只有吕氏一人，不时很热切地给他一些安慰和鼓励，将一些向上的兴奋和勇气，灌输到他百无聊赖的生活当中。这情形，在吕氏所写给陈氏的书信当中最能看出，那些信几乎每封都涵蕴着一种关念的

---

❶ 陈氏祭吕东莱的文字，自称为从表弟，他们也许是因为有亲戚的关系而很早就相识了的。但据二人间的书信看，则发生通信和讨论学问的关系却在乾道五六年间。此处谓为由叶适的介绍而得识吕氏，是依据《敬乡录》所载时少章《书王木叔秘监文集后》。

情怀,铺叙些日常的琐事,声讨些应事接物的方法,温暖着这正在忍受一切冷遇的人。

> 今日早在学中奉候,政剧延伫,伏蒙封示《孟子提要》,谨当细观深考,却得一一请教。年来甚苦共为此学者寥落,索居蔽蒙,日以自惧,今得兄坐进于此,遂有咨访切磨之益,喜不自胜。苟心有所未安未达,当往复论辨。盖彼此皆己事,不敢为高上语也。

这是吕氏在认识陈氏后不久写给他的一封信,然其中措词已经非常恳切,不作泛泛的应酬话语了。在乾道八年,陈氏聚徒讲学,吕氏即来信加以劝勉:

> ……吾兄保社今莫已就条理否?后生可畏,就其中收拾得一二人,殊非小补。要须帅之以正,开之以渐,先惇厚笃实,而后辨慧敏锐,则岁晏刈获,必有倍收。然此自吾兄所自了,固亦不待多言也。
> 某更十数日工役断手,却复还城中,九月末复来课督种殖,是时书院中或有暇,能拨置过访为十日款否?

就在这一年的冬季,陈氏在乡里间不知遭逢到一件什么打击,吕氏得知之后,立即写信安慰他说:

> ……比闻有意外少挠,要是自反进德之阶。来谕不忘惕厉,政所望者,更愿益加培养为幸。昔人谓"天下之宝当为天下爱之",此言可念也。

乾道九年,陈氏将新作成的几篇祭文、祈雨文和邓禹、耿弇、诸葛

亮、曹植诸人传赞,送交吕氏去看,吕氏又有信云:

> 示及近作,展玩数过,不能释手,如邓耿赞断句,抑扬有余味,盖得太史公笔法。武侯赞拈出许靖、康成事,尤有补于世教。独陈思王赞,旧于河汾之论,每未敢以为安,当更思之。章、何两祭文,奇作也。广惠祈雨文,骎骎东坡在凤翔时风气。跋喻季直文编,语固佳,但起头数句,前辈似不曾如此道定。或云"以予所闻者几人",或云"予所知者几人"——众不可盖故也。所见如此,未知中否。恃爱忘之厚,不敢不尽耳。
>
> 更有一说:词章古人所不废,然德盛仁熟,居然高深,与作之使高、瀹之使深者则有间矣。以吾兄之高明,愿更留意于此,幸甚。

这似乎专就文字方面加以称赞,而又规劝他不必专着力于此,陈氏以为这并未能深知其各文的着意所出,便去信声明各篇之高明处绝不专在文字上,于是吕氏又复信说明道:

> ……向来与观近制,如邓仲华赞,盖以识此意者少,非为词藻之工,其他亦随笔偶及之耳。此固非所以共相期者也。"其高不在文字",此语诚然,然登高自下,发足正在下学处,往往磊落之士以为钝滞细碎而不精察耳。

在这年内,陈氏因为生活的窘迫,也曾一度有弃学经商等等的念头,吕氏得知后有信云。

> ……里居为况必甚适,闻便欲为陶朱公调度,此固足少舒逸气,但田间虽曰伸缩自如,然治生之意太心,则与俗交

涉，败人意处亦多，久当自知之。恃契爱之厚，不敢不尽诚也。

阳羡之行，在何时日？望经从相聚。今既超然在利害之外，虽甚款曲，无复嫌忌，非如前日场屋狭径窘步也。

淳熙元年，陆子静（九渊）曾到金华去访吕氏，谈话中曾涉及陈氏，陆氏也表示对陈氏文字非常钦佩，吕氏遂又写信转达此意：

……示谕蔼然忠厚，有以知别后进德之深，微指固已钦佩，第衰退之人，惟当闭门反己，著实以求其所未至，然此心则不敢忘也。……

此月旦日，自三衢归，陆子静已相待累日，又留七八日，昨日始行。笃行淳直，工夫甚有力，朋游间未易多得。渠云，虽未相识，每见吾兄文字开阔轩爽，甚欲得相聚。觉其意勤甚，渠非论文者也。

淳熙三年，陈氏又以新作交吕氏去看，吕氏答书云：

长乐匆匆别去，迨今怀仰。辱手示，知旦夕入城，晤见甚近，欣慰不胜言。……五铭奇甚，林公材者尤妙，所谓令人欲焚笔砚也。……

在这些年岁当中，他们不但来往的信件很频繁，见面的机会也很多，见面后无拘无束地谈论着天道、时势、历代兴亡和当今人才等等的问题，两人的意见能相契之处也极多。只有在陈氏说得过于放纵，立论过于容易时，吕氏才会加以指正，而陈氏则又每每旁征博引地与之力争，不肯轻易放弃自己的意见。这样子，便常会一直谈到深夜而不能罢休。

吕氏于淳熙三年冬到临安供职于秘书省和国史院实录院等处，其时陈氏也正在临安的太学中作学生，次年，陈氏愤愤离开太学，归家后先将满腹牢骚写信向吕氏发泄，而换回来的，是一封会使他感觉无限慰贴的答书：

> ……秋成，田间必多乐事。试闱得失想自见惯，然诸公却自无心，非向者之比，只是唱高和寡耳。……
> 试闱得失本无足论，但深察得考官却是无意，其间犹有误认监魁卷子为吾兄者，亦可一笑也。

淳熙五年，陈氏上书无结果，悻悻而归，首先来问讯他的又是吕氏，陈氏只有这样一个可以倾吐肺腑的人，便在回信中将自己最伤痛和绝望的心情一并倾吐出来：

> ……亮本欲从科举冒一官，既不可得，方欲别开营生，又恐他时收拾不上；方欲出耕于空旷之野，又恐无退后一着；方欲俛首书册以终余年，又自度不能为三日新妇矣；方欲杯酒叫呼以自别于士君于之外，又自觉老丑不应拍。每念及此，或推案大呼，或悲泪填膺，或发上冲冠，或抚掌大笑。今而后知克己之功、喜怒哀乐之中节，要非圣人不能为也。海内知我唯兄一人，自余尚无开口处。虽沉浮里间，而操舍不足以自救，安得有"可乐"之事乎！然一夫之忧欢悲乐，在天地间，去蚊蚋之声无几，本无足云者，要不敢不自列于知我者之前耳。……

吕氏答书云：

> 专价伏奉诲示，引纸疾读，恍如握手，不知相去数百里

之远也。……

　　谕及近况之详,慨然浩叹者久之。百围之木,近在道隅,不收为明堂清庙之用,此自将作大匠之责耳,如彼木者,生意濯濯,未尝不自若也。"井渫不食,为我心恻",盖非井爻之盛,而兄以此自处乎?惟冀益加宽裕,从容自颐,以慰见慕之徒之心,幸甚。

这一年,陈氏的几位友人,如王道甫(自中),徐居厚(名未详),叶正则(适)等都举进士及第,当叶氏由临安荣归时,吕氏又托他带了一些礼品并一封信给陈氏:

　　居厚往见,必已前到。今正则又赴约,握手剧谈,亦是快事,一官所缚,不能追逐上下其间,殊慊然也。
　　清馥香一贴,凤团一斤,漫为山中之信,其它正则自能详道。
　　偶记荀子论儒者进退处,有一句云:"不用则退编百姓而悫",颇似有味。畎浍之水,涓涓安流,初何足言;唯三峡九河,抑怒涛而为伏槽循岸,乃可贵可重耳。

这两封信又使陈氏极为感慨,回信中遂又说得极其牢骚沉痛:

　　比家奴回,得所答教。正则来又承专书,副以香茶之贶,甚珍。其间所以教笃之者无非至言,如亮浅薄,何以堪之?然事不亲历,当不知其难,亮今知其难矣!
　　孔子沐浴而有请,以常从大夫之后;孟子以布衣传食于诸侯,盖事变之所迫。举一世陷溺于其中,而我独卓然而有见焉,其势不得而但已也。彼皆以身任道,而执寸莛以撞万石之钟者,可笑其不知量也。大著何不警其越俎代庖之罪,而乃疑其心恻井渫不食乎！天下患无才耳，有才之人，则索手之徒踏一片闲田地，便可以饱食暖衣而长雄于一方一所，安在其有才而求售也？有才而求售，其才亦可知矣。大著不察其心之所忧，则亮将何所望之？亮之自放于杯酒者，亦每每先为大著忧尔！

人生岂必其为秀才，亮平生本不种得秀才缘，而春首之事，自侍从之有声名者固已文致于列，亮亦岂恋恋于鸡肋者乎，亦恃有大著在故也。王道甫告以忌嫉之徒乘间谤毁之可畏；潘叔度以为三年三百绿袍子，讵可以动其心；均是人也，而好恶异心，二君殊未之知耳。

亮之所敢闻者：圣贤切于忧时，而其中常若无事，不知何道而使之并行而不悖乎？此非书语之所可解，惟大著就真实处教之，使有以凭藉度日，其赐为不小矣。

吕氏对于这些话也仍是很和善很委婉地加以开解，其回信云：

诲谕深悉。所谓"井渫"，盖政指汲汲于济世耳，玩味爻象自可见。其曰"为我心恻"，忧思盖深长矣。又曰"王明，并受其福"，盖言王者能识拔而用之，则臣主俱泰，此岂小知小才之谓哉？所以未为"井"之盛者，盖汲汲亟欲施之，与知命者殊科耳。孔子请讨见却，但云"以吾从大夫之后，不敢不告"；孟子虽有自任气象，亦云"吾何为不豫哉"；殆可深玩也。

春初之举，虽是习常守故者自应怪骇，然反观在我，亦未得为尽无憾，借曰无憾，观《论语》既曰"智及之"，上面更有所谓"守"、所谓"莅"，所谓"动"，节次阶级犹多也。此语甚长，何由握手讲论？要非纸上所能写耳。……

为这种和平的态度和委婉的言辞所感动，陈氏的回信也再没有前此那般忿激的话了，吕氏便又给陈氏一信，写着不胜欣慰的话：

> ……垂谕备悉雅意，再三玩绎，辞气平和，殊少感慨悲壮之意，极以为喜。驱山塞海未足为勇，惟敛收不可敛之气，伏槽安流，乃真有力者也。……

淳熙六年初春，吕氏因为得了"末疾"，辞去了著作郎兼权礼部郎官和史馆编修官等职，四月后回到金华，在金华城内西北角买定一所宅第，即在其中疗养，并着手作《读诗记》等书。吕氏所患的"末疾"实即一种风痹症，连写字也发生很大的困难，所以不能再写些长信给陈氏，但金华和永康相去既不太远，两人见面的机会可以很容易地得到，只须陈氏乐意前去便得。所以在吕氏家居后致陈氏的短信中，每次都邀陈氏前往，也每次不忘给陈氏一些劝勉奖励的话：

> ……梅雨后，千万见过，为十日款。今年缘绝口不说时文，门前绝少人迹。竹树环合，大似山间，若得复听快论，则石桥龙湫必不远求也。
>
> 病体萎痹，虽已成沉痼，而目力心力反胜往时，造物之见赐厚矣。……（按此信在淳熙七年）
>
> ……甚渴一见，得暇能命驾否？城隅穷巷，落叶满庭，亦无异游山也。……（按此信在同年秋）
>
> 伏被手觇及正则书信，具审迩日视履之详。……四铭皆妙，而《喻夫人志》，范蔚宗所谓笔势纵放，实天下之奇作也。《易》、《春秋》、《周礼》，恨未得即听教。记得《世说》载：何次道学佛，阮思旷语之曰："卿志大宇宙，勇迈终古。"何曰："卿今日何故忽见推？"阮曰："我图数千户郡尚不

能得,卿乃图作佛,不亦大乎!"疾病呻吟之余,方课诸弟辨虫鱼、读笺注,而兄横飞直上,凌厉千载之表,真可谓"大"矣,聊发一笑。

悉留面言,惟早命驾为望。(按此信写年同前)

对于这一个病废的人,既钦佩其学业,又钦佩其行谊,而更使陈氏铭感五中的,是这病人对他的一种眷顾之情,因而陈氏是时常应吕氏之邀而到金华去的,去探视他的病况,去破除他病中的寂寞,去倾吐自己的种种见解和感触。

见面后的话题总以牵涉到个人身世者为多。一次,谈到陈氏的为人,陈氏便幽默地自己表白道:

亮口诵墨翟之言,身从杨朱之道,外有子贡之形,内居原宪之实。

两人的对谈就这般幽默而有趣地进行着。在这病室当中,话语像乐歌一般的和谐,气氛像春风一般的温煦。

陈氏是个愤世嫉俗的人,却也日益为世所愤,为俗所嫉,以至遭受到种种的凌辱,当谈到这些时,吕氏便把《左传》所载子皮的话念出来:

虎帅以听,谁敢违子?

只这一句体己的劝慰,陈氏终生没有忘怀。

淳熙八年(1181),陈氏又遭逢到一次屈辱事件,他写信告知吕氏,并说要就近再去金华看他,吕氏的回信依然是兼具了安慰、劝勉和鼓励的各种情意:

> 承旦夕见过，数日以望，四经说千万携行。痼废沉滞，政赖此以醒之耳。
>
> 小辈作挠，似不足介意。颜子犯而不校，淮阴侯俛出胯下，两条路径虽不同，这一般都欠不得。幸深留意。鄙谚云："赤梢鲤鱼就鼇瓮里浸杀"。陈拾遗一代词宗，只被射洪县令断送了。事变大小，岂有定所哉。
>
> 病中畏写字如虎，缕缕至此，意亦可念也。

在这一年，吕氏是四十五岁，陈氏是三十九岁，这两个年纪相去五六岁，家居相隔百余里的人，却真是有着父子兄弟一般的感情了。然而也就在这一年，吕氏的病状日益沉重，到七月二十九日，终于不起了。

陈氏从百般的社会中受到了百般的委屈，由于自己那份功名和事业一无所成，这社会上的压力也有愈来愈厉害之势，朋辈也大都日益疏远，日益隔膜，这一个躺在病床上的吕氏，却始终是那样地热诚相与，不管陈氏处在如何潦倒困顿的情况下，他始终以远者大者相期许。几年以来，陈氏在那般潦倒困顿的情况下而还能感觉到一些人生的意趣，对自身前途也还多少看到一些光明，几乎可说一切都是这病人之所赐。他已经成了陈氏所必不可少的人，而他却终于顾不得这一切，被病魔缠扰而死了。

一个有时像慈祥的父母，有时像友爱的弟兄，有时又像善良的导师一般指引着他的人生系向的人，是这样无情地永诀了，这对于陈氏的打击之重大，是无可比拟的。

陈氏接得吕氏死信之后，立即跑往金华去哭他，感情上的伤痛，人世上的感触，前途之愈益无望，这一切都凝集于他的哭声和眼泪当中。归来后，他又把这一切寄寓于一篇祭文之内：

> 维淳熙八年岁次辛丑，秋七月二十九日癸卯，东莱先生

以疾卒于家。越四日丙午,从表弟永康陈亮奔哭其柩,越九月甲戌朔,始西向陈薄币于庭,再拜遣香烛茶酒之酹:

呜呼,孔氏之家法,儒者世守之,得其粗而遗其精,则流而为度数刑名;

圣人之妙用,英豪窃闻之,徇其流而忘其源,则变而为权谲纵横。

故孝悌忠信常不足以趋天下之变;

而材术辩智常不足以定天下之经。

在人道无一事之可少,而人心有万变之难明。

虽高明之独见,犹小智之自营;

虽笃厚而守正,犹孤垒之易倾。

盖尝欲整两汉而下,庶几及见三代之英。

岂曰自我,成之在兄。

方半夜之剧论,叹古来之未曾;

讲观象之妙理,得应时之成能;

谓人物之间出,非天意之徒生。

兄独疑其未通,我引数而力争。

岂其于无事之时,而已怀厌世之情?

俄遽罹于末疾,喜未替于仪刑。

何所遭之太惨,曾不假于余龄?

将博学多识,使人无自立之地;

而本末具举,虽天亦有所未平耶?

兄尝诵子皮之言曰:"虎帅以听,孰敢违子?"

人之云亡,举者莫胜,

假使有圣人之宏才,又将待几年而后成!

孰知夫一簣之恸,徒以拂千古之膺!

伯牙之琴,已分其不可复鼓,

而洞山之灯,忍使其遂无所承耶?

> 眇方来之难恃，尚既往之有灵。

这一点点感慨，在士大夫间却又引惹起极大的反响，一代儒宗的朱熹更咈然不悦，认为这是过于怪妄了他并且写信给婺州的人，痛加诋斥道：

> 诸君子聚头磕额，理会何事？乃至有此等怪论！

当陈氏知道这些反响之后，他益发感觉到吕氏之死在他身上所造成的损失之大。处在孤单畸零之境，外来的威迫更显得难以抗拒了，因而他只有决定从此多加收敛，并又作一文祭告吕氏：

> 惟兄天资之高，地望之最，学力之深，心事之伟，无一不具，其来未已。群贤凋谢，屹然山峙。兄又弃去，我存曷以？一代人物，风流尽矣。生也何为？莫解此理。彼岂无人，惧非书耳。
>
> 昔兄之存，众慕如蚁，我独从横，无所统纪。如彼扁舟，乱流而济。观者竿然，我行如砥。事固多变，中江乃尔！三日新妇，请从今始。念此哽咽，泪落如洗。卮酒豆肉，非以为礼。

十四　浙东师友——薛季宣、郑伯熊、伯英、陈傅良、唐仲友、叶适、倪朴

地域的因素，和时代的因素相同，在陈氏的思想和学行方面，也发生着极重要的作用和影响。

陈氏的出生地永康县，在南宋属于两浙东路。这两浙东路，自高宗绍兴末年以来，便是一个人才辈出之地。这些一时并起的学人，同时被那一个动乱的时代所影响，而又壤地相接，年龄相若，相互间遂多得和齐斟酌，便逐渐而有一个偏重于实用之学的共同趋向。在南宋的思想界和学术界中，成为极独特极重要的一个学派。陈氏挺生其间，与其中的主要人物如薛季宣、郑伯熊伯英兄弟、陈傅良、倪朴等均有讨从论难的交谊，于是首先是耳濡目染，摄取他们已有的成果；继之则踏着这已经铺成的基石而大步迈进到开物成务一方面去。

薛季宣（1134～1173）是温州永嘉县人。他曾从袁溉受学，是程门的再传弟子。他的学问极为博洽，上自六经百家、礼乐兵农，下至兵书方术，博弈小技，他无所不通，而尤特别致力于上下千载的史书，考求各种制度的本原，通其委曲，以求见诸事功。对于现实问题中的田赋、兵刑、地形、水利等事，也颇下一番工夫。他的作风是步步着实，种种都以能够实用为目的。虽然是程门的再传弟子，而对于义理之学他却以为不必深究。他自己绝不希图附名于理学之列，且劝学者不要单是读些语录一类的书籍。古和今，学和

行，在他是要完全沟通为一的。

陈氏是一个有志于用世的人，对于当世的人才极所注意，对于一乡的磊落不群之士，他总想法与之接杯酒之欢，对于居地稍远的人，只要知其道德纯明，可为师表，胸有抱负，可资世用，则不论其人居于山巅水涯，或穷阎僻巷，他也总要设法执贽进见，或与之一通声息，以听取其微妙言论。同是浙东之人的薛氏，自然更是他想望风采，极欲结识的人物。薛氏乾道四年在临安，于郑伯熊处得见陈氏的文章，并从郑氏和王淮诸人处闻悉陈氏的为人及其学业志气等等，也已有些景慕之意而极愿相见，然而两人的行踪总是不得相值。到乾道六七年之间，才有机会相见，握手一笑，话言从容，两人都不免有相见恨晚之感，而这第一次的谈论，在陈氏则感到心满意惬，在薛氏也证实了"名下无虚士"，相互间是更不胜其钦佩了。

乾道七年的秋季，陈氏与同郡的陈傅良同在太学中作学生，一同参与太学的"补试"，预备明春试于礼部。那时，二陈之名，在太学，在临安，都藉藉为人所称道，然而考试的结果，陈傅良及格了，而陈氏却落了选。薛氏于其时致函陈氏，便说了许多安慰他的话：

> ……学官秋试，遂遗贤者，士夫不能无恨。得失有命，时运固应然耶？使举无留才，则何以为造化。但在我本无患得之意，未始低头就之，则吾同父之失，较之君举之得，亦复何愧。冲天惊人之轩轾，岂有迟速间哉。……
>
> 某碌碌素餐，强颜留处，于朝家无毫发补，未能决去为愧。同父望以世道，譬如觅金于窭者，何不知我之深也。
>
> 轮对当在来春，只等一见后求外补州县，差可及物；尸素欲何为哉。不足为人言之，恐欲知何所向尔。

次年，陈氏在乡教读，名其所居曰妥斋，求铭于薛氏，薛氏为作一铭并用隶书写就，寄与陈氏。

这时，薛氏还不满四十岁，在学问和事业方面，前途正不可限量，而他自己对于所要肄习所要致力的事，也作着极多的计划和极长远的布置，却不料他于乾道九年就以精壮之年而谢世了。

郑伯熊（？~1181），也是永嘉县人。他私淑于永嘉的先辈周行己，因而也和薛季宣一样，算是程门的再传弟子。但是，周行己虽是程门的学者，在文章方面却取法于苏轼，在经学方面则推崇王安石的门人龚原，实在是一个博采众长，不专主一家之言的人。郑氏私淑于他，也就先学来他的这种为学态度。自少年时候起，郑氏便极端羡慕吕公著和范祖禹的为人，在行己处世方面，一律以他们的行谊作为榜样。在议事持论方面，他羡慕汉代的贾谊和唐代的陆贽。而当他到福建作建宁守时，他又首先将二程的书籍在那里刻印，因而也被人列名于理学当中。精诣于这几方面的学行，而摄精取华，总汇于一人之身，更一方面推求性命之微眇，一方面讨论古今的要会，平素的行事无一指不本于仁义，立言无一语不关于廊庙，持身涉世的态度，方峻矜慎，绝不苟且取容于世。这便使得郑氏在连袂成帷的永嘉学人当中，占了一个领袖的地位。

陈氏和郑氏结识得相当早。当陈氏于乾道中开始讲学的时候，他便选了郑氏的文字作为学者作文的规范。淳熙二年，郑氏作婺州守，陈氏也常去访他。淳熙四年，陈氏重到太学中作学生，郑氏也恰在是年二月充任国子司业。所以他们两人的关系，是介乎师友之间的。淳熙七年夏，郑氏到福建去就任建宁守，道出金华，陈氏又特地跑去和他相会，旅舍之中，举酒相属，促膝对谈。却不料到了第二年的秋间，仍然在这同一城市同一旅舍当中，竟要陈氏哭奠郑氏的灵榇了。

郑伯英（1130?~1192）的性情，比较他的哥哥豪爽一些，也不那么严峻。只要看到某人有一善可取，他便加以爱惜，加以援引。他的资性很俊健果决,议论则慷慨愤发。遇事那种不苟且的态度,和他的哥哥一般无二。平素他立定一种心愿,一旦得志,他要洗尽自北宋哲宗绍圣以来的一切弊政,而恢复承平时代的旧观。对人肯惜一介之善,对时政要立志有所作为,而又才大气刚,这都与陈氏有些仿佛,因而这两个人最相投契。陈氏既不为世所用,家居期间便常寄意于歌词,要以此自见于后世,博百世后豪杰的一笑。他的作法是只以能合于曲子的律度音节为毕事,内容则本之以方言俚语,杂之以街谈巷歌,扪搹义理,劫剥经传,一切不为格套和成规所拘。每拍成一章之后,他总先自己叹赏道:

平生经济之怀,略已陈矣。

在孤芳自赏之后,他也并不当真收藏起来以专待百世后的知音,他常常送交郑氏,凭他们的相知之深,他知道能够引起郑氏的共鸣而为所击节。

继薛氏和郑氏兄弟而起的,是瑞安县的陈傅良(1137～1203),他年未三十便以文章擅名于世,后来师事郑、薛,又和张栻、吕祖谦等人交游。从郑薛二人,他学习了古人的经制、三代的治法,以及克己兢畏之学;从张栻,他肄习敬德集义一方面的事;从吕祖谦,他得以了然于宋代文献的传受统系以及宋朝的开国规模和垂世的法意。以上述诸人为其师友,他更进而精研经史,贯穿百家,综理当世时务,考核历代礼乐政刑损益异同之所由然,对于书籍,无所不读也无所不讲。薛、郑以来所注重的经制之学,到他遂发展到极致。当代的制度文书,六经中的《春秋》和《周官》,一时竟没有人能比他研究得更为透彻。

他和陈同甫的交谊发生得很早,除了吕祖谦外,也要数他和陈同甫的交情最好了。因为同是陈姓,所以他常被陈同甫呼作族兄。在外人则呼之为二陈。当他们一同作太学生的时候,二陈的大名震噪一时,他们生活在一块的时候也特别多。各人陈述着自己的抱怀志趣,常促膝共饮,彻夜达旦。意见上如果有了出入,也常互相争执不下,有时候且竟击杯拍案,声撼林木,忘记了所有在座的客人。

唐仲友(1135~1187)字与政,号悦斋,金华人。他的治学态度和主张,和浙东诸子在大体上毫无不同。不专主一说,不苟同一人,一切都要稽之于经典,按之于己见,合则取之,疑则阙之。他并不忽视正心诚意之学,但他痛斥佛老,痛斥当时一般受了佛老的影响而空谈心性的人。三代的治法,古圣的遗意,凡其载在经传中的,他认为无不可以见之施行,因而他平素所致力的学问方面极广,上自象纬、方舆、礼乐、刑政、军赋、职官以至于一切掌故,他都本之经史,参之传记,甚而下至茧丝牛毛之细,他也要旁通斜贯,以求见先王制作之意,以便取作后世立法之本。词章一道他也很喜欢,并常与吕祖谦往复其论。文名与陈氏几乎是难分上下,于是而文坛词场乃成了这两个人互争雄长的场所,各人都表示出震厉无旁的气概。就由于这种互不相下的争持,遂使二人的交情后来便不免于凶终隙末了。

叶适(1150~1223)字正则,号水心,较上述诸人的辈分稍晚,因而在浙东的学术界中,他居于一个集大成的地位。到孝宗晚年,乾淳诸老均已相继谢世,心性义理之学占了绝对的优势,于是学术之会乃总为朱陆二派,而叶氏却继承了浙东诸人的遗绪,独树旗帜于二派之外,俨然成鼎足之势。他的天资极高放,学问极博洽,自曾子——子思而下的儒学一派,大多不能免于他的评抑,主要的是针对着他们的空疏虚玄的趋向。宋代的理学家们,自然更难逃他的非议了。从他的文章中,我们可以看到一些这样的话:

> 古人多识前言往行,谓之畜德。近世以心通性达为学,而见闻几废,为其不能畜德也,然可以畜而犹废之,狭而不

充，为德之病矣。

欲折衷天下之义理，必尽考详天下之事物而后不谬。

读书不知接统绪，虽多无益也。为文不能关教事，虽工无益也。笃行而不合于大义，虽高无益也。立志而不存于忧世，虽仁无益也。

《曲礼》中三百余条，人情物理，的然不违。……古人治仪，因仪以知事。……孔子教颜渊"非礼勿视、非礼勿听、非礼勿言、非礼勿动"，盖必欲此身常行于度数折旋之中；而曾子告孟敬子，乃以为所贵者"动容貌、出辞气、正颜色"三事而已，是则度数折旋皆可忽略而不省，有司徒具其文，而礼因以废矣。……必有致于中，有格于外，使人情事理不相逾越，而后其道庶几可存。若他无所用力，而惟三者之求，则厚者以株守为固，而薄者以捷出为伪矣。

《周官》言道则兼艺，贵自国子，贱及民庶，皆教之。其言"儒以道得民"，"至德以为道本"，最为要切。

古之圣贤无独指心者。舜言人心道心，不止于治心。孟子始有尽心知性，心官贱耳目之说。盖辩士素隐之流固多论心，而孟荀为甚。

这些话，就很明显地表明了他在消极方面所排斥和积极方面所主张的一切。

理学家最推崇《周易》中的十翼，叶氏偏说十翼非尽孔子所作；理学家以为《大学》、《中庸》皆儒家精义所在，为初学入德之基本读物，叶氏偏说曾子和子思不能代表孔门的真传；理学家以为致力史学和文学，都不免于玩物丧志，叶氏偏与浙东诸人取一致的态度，不但自身致力精研，也鼓励别人去用功研求，在他的门徒之中，就有专力于词章一道的人。吕祖谦所编选的《宋文鉴》，朱熹和张栻对之都有微词，叶氏则极力标榜，而反将宋代文学沦坏的责任，一齐归到伊洛学者身上。

在叶氏还很年轻的时候，便已成了陈氏的好友。陈氏极赏识他的才学，到处加以揄扬，因而他的成名，得力于陈氏之处颇多。陈氏的学问则从他受到许多切磋琢磨之益。

和陈氏结识得最早，性情也最和陈氏相近的，大概要数浦江县的倪朴了。倪氏字文卿，号石陵。生就一副豪隽不羁的性格，自少即喜欢舞剑谈兵，耻为无用之学。他有志于科名，也有志于事功，一直到四十七岁，还不肯娶妻，就为的是便于集中其精神和力量以从事于此二者。然而举进士不第，才略终也无所用之，而又性好使气，与人不随顺求合，因而见恶于乡里，终于老死在饥寒交迫的状况下。

在高宗绍兴末年，那时倪氏还很年轻，忽然听说朝廷上有遣将扫清河洛的打算，他高兴了，以为这就是他可以"依日月、乘风云、以佐天诛"的时候，于是他立志要以武事效命于国家。天下山川的险阻，各地户口的多寡，是用兵的人所应先事明悉的，他也就先去致力于此，遍考群书，作成《舆地会元》四十卷。又推考古今华夷内外境土徼塞的远近，绘为一图，张贴在自己的屋壁上，对其中可战可守的地点，均手指心计，使其熟记于胸中，以便临时能够应用。这一切准备工作既已准备妥帖，遂即草就了一道万言书，论列金人之必灭以及征讨之必不可缓等事。然而就资历说他还只是一个布衣，就财力说他更穷苦得可怜，朝廷上的权贵又无一人可作援手，这都不容许他跑到临安去把这份万言书奏达帝庭，然而既已写定了，他便终日终年放在自己的衣袖里边，得机会便向一些未必关心这事情的人谈论一番。

到周葵知婺州时，倪氏希望能得到他的引进，遂将这万言书抄录了一个副本，并写了一封求见的书信，要晋见周氏。书中陈明了自己的思想和学问的梗概，并陈述自己对于时势的预料是多么正确：

十四 浙东师友——薛季宣、郑伯熊、伯英、陈傅良、唐仲友、叶适、倪朴

……朴虽不才,托处化钧之下,亦其忠义之气,有以陶镕鼓铸,为日滋久,其所成就实不肯自后于人:不惟前古之兴亡得失有所知晓,而凡今日攻守成败之势,未尝不深计而熟究之也。惟其自负如此,是以闻边埃之警,听我师之捷,慷慨感激,不能帖帖坐于笔砚间,思欲吐奇贾勇以伸平日之志。然朝廷无先容之人,将幕无葭莩之援,胸中虽有识知,无由而自进。伏惟阁下挺经济之才,负天下之望,而来临父母之邦,孜孜汲汲,礼贤下士,思有以副吾君寄托之重,此朴所以克心肇慕,有望于阁下,而阁下忧国之心,正在于得人以济国家之急,必不遽然而忘,截然而忽也。然朴为人貌陋口讷,不学为佞,介以自处,足未尝一迹于公卿之门,名未尝一誉于众人之口,一旦以片言只字,辛然叩阁下之门,望阁下振而起之,使之得以赴云龙风雨雷电霹雳之会,夫岂狂也哉,诚知依归有在矣。夫骐骥长鸣于伯乐之前,知伯乐有以识其才也,卢狗哀号于韩国之侧,知韩国有以昭其能也。朴今鸣于阁下之庭者,亦知阁下必有以识其才昭其能耳。阁下其知耶,则朴无事于云云;苟未信焉,宜引而进之,置之下座,问焉以考其实,策焉以验其智,然后从而进退之,则朴也虽死于无用之地与草木俱腐无憾矣。

向者虏衅始萌,朴尝逆料其情而策其势,为万言书,将献诸朝,天门九重,困于无资地,无阶上达。以今事势观之,大抵与朴向之所言实相应。并录其副以献,如赐览观,亦足以知其智愚之辨。

此后,他便和陈氏一同作了周葵的门下士。两人的意气非常投合,倪氏在此后有所著作,便先和陈氏商讨。陈氏自身没有力量使他的这些著作见重于世,便再替他介绍给在学术界已经有了地位的人们,如吕祖谦、郑伯熊等。

淳熙二年，郑伯熊为婺州守，他便藉着陈氏介绍其《舆地会元》的因缘，上书郑氏，论列研究地理的重要，及其著作《舆地会元》的经过，并请郑氏能对该书予以主张之力。他所以不肯用心于无用之学的见解，在其中也有所表白：

……孟明视之伐郑，蹇叔知其必败于殽；周亚夫之谋吴楚，赵涉知殽渑之间必有伏。使孟明知殽之险而听蹇叔之言，则秦师无殽之悔矣；使条侯不知殽渑可以奸伏而昧赵涉之策，则中吴楚之谋必矣。愚于此然后知地理之学兵家之所急，而学士大夫之所当知也。……

窃怪夫今之学者，东南西北之不知，远近险阻之不识，当其用兵多事之时，指地图、按史册、高论天下之形势，而曰"吾能辨其成败之所以然，而知今日攻守之势所当然"，其欺我哉！……遂历考载籍，搜括百代，而以今之州县为准。由汉以来，其间郡县乍离乍合，骤废骤置，变名易实而不可案辨者，俾皆绳焉会归于一。凡古帝王之所都，禹贡山川之所经，春秋列国之所在，与夫古今关防、津要、战争、会盟之地，古基遗迹，旁搜并取，庶无遗焉。其有乖谬，则为之援据引证，以相参考。实而不浮，自成一家，几三十万言，分为四十卷，目之曰《舆地会元志》——盖取其统有宗而会有元也。然今之学者，大抵急于利禄而专务于时文，故不识者不肯目而识者未暇观也。未遇知已，是故书成而不克显。抑尝观古之人，才全而德巨者固无所不有，而其下者则各专一艺，业之终身而传之子孙。……朴于斯文，积力十余年而文始就，虽未敢以望古人，而其用心亦勤矣。其文多，无资不能录。去冬曾携其稿见上舍陈亮同父，朴与同父皆荆溪门下生也，将介之以见阁下与正字吕公，近闻其到城，曾袖之以见阁下矣，苟有可取，则固望阁下主张之；其有疏缪而未全也，望阁下指教之。

十四 浙东师友——薛季宣、郑伯熊、伯英、陈傅良、唐仲友、叶适、倪朴

务欲成就之而后已,无使其沦没而无传也。

朴又尝合古今夷夏,草为一图,纵横丈余,了然可观,就馆潘氏,其主翁好事,绘为帐以便观览,今借来以呈阁下,庶知其用心不为无用之学也。

虽则他是这样地奔走呼号,终于并不济事,依然没有人注意他、荐引他。他只有困处乡里,藉教读所得维持他的生计。在无聊赖的生活中,骂人、犯罪,做着一切怪诞的事,而始终能原其心、谅其迹的,仍只有和他过着同样生活的陈氏。而他对于陈氏,也始终非常敬重。

淳熙八年,郑伯熊和吕祖谦相继下世,他觉得这应是陈氏出而领袖群伦的时候了,便致函陈氏,劝他多检点自己的行为,向着这方面努力:

往岁承复书,过为见畏之语,似非情实,非所望于朋友也。近者郑吕二公相继云亡,前辈风流几扫地矣。今之世以文章名天下,为时辈所推许者,足下一人而已,宜便自励,使道德日定,进为小子后生之矜式,以绍郑吕二公后,是所愿望。朋友尚忠不宜佞,唯足下察之。

这时候陈氏的愤世之念正盛,敛束自己以投合世好,以便在名教中争取一席之地,在陈氏还没有这样的意思。因而他这封信中的意见也未为陈氏所接受。

直道而行,作一个本色的人,这是陈氏和倪氏所共具的一种特点,也正是这种特点,使他们两个人遭逢到一些相似的迫害。倪氏的行径,虽被乡曲目为怪妄,而他却并不顾恤这些,他仍然自行其是,非难他的人自然也就愈来愈多。到后来,连浦江县的县令赵汝钺也被他得罪了。淳熙十一年春,为了某一人家产去税存,倪氏

起了不平之感,他竟以买产不肯认税的罪名而告发了买这产业的豪户楼益恭,这豪户和县令赵汝钺两相勾结,摭拾了倪氏平素一些不甚检点的行为作口实,加以深文周纳,遂即致倪氏于罪,而把他谪徙到江西筠州去了。两年之后才得因赦而回到原籍,这时候年纪已老,明知是不会被用的了,却依然惓惓于国家,痛心于国家对外之失策,遂又根据自己的见地而著成《鉴辙录》五卷。结果依然是在一切人的忽略鄙弃当中,他悄悄地赍志以殁。

在倪氏因罪而被徙的同时,陈氏也正因事而被逮入狱。

十五　朱陈交谊

在浙东诸人之外，以意气、志节、事功或学问而为陈氏所佩服或与陈氏作成了很好的朋友的，也还大有人在。可以特别举数出来的，如辛弃疾、吴倓、尤袤、韩彦古、周必大、范仲艺、章森、刘过等人均是。而结识得最为不伦不类，实际上却又非常影响了陈氏后半生的生活和思想的，是陈氏和朱子的友好关系。

一个是理学界的泰斗，一个是反理学的主干，在任何一点上他们都没有能结成朋友的因缘，而这因缘却终于造成了者，是由于吕祖谦一人之力。

吕氏在性理之学一方面的造诣既已使他和朱子、张栻等人立于同等的地位，他和朱张等人的关系也都十分密切。朱氏的性情比较有些偏激，对事对人的涵容量都不够宽洪，对于和自己的思想稍有歧异的，更不能以宽容和平的态度相互斟酌商讨。吕氏的性情恰恰与此相反，对于朱氏的这缺点遂时常加以有力的规劝，并时常居中捐就，把一些与朱氏思想见地绝对异趣的人，如陆九龄、九渊兄弟，以及浙东诸人，使他们和朱氏发生一些交游的关系，陈朱的友谊也便是如此造成的。

吕氏作了他们的媒介，使他们相互间都有了一些认识，但其时朱氏一直还是居住在福建的时候为多，相去既远，在吕氏生前竟未能使陈朱二人得到见面的机会。到吕氏去世的次年，朱氏受命提举两浙东路常平茶盐公事，正二月之交，他因为按视所部而到了衢州和婺州境内，是在这时候，陈氏才趁机会到衢婺之交去和他作首次的会晤。就在那地方的山林里边,两个人共作了十来天的盘桓。朱氏又顺便到龙窟山下陈氏的家乡里停留了几天,因为朱氏须继续他的巡视工作,两人才分了手。

在这次相见以后,相互间各都有了一番更新更深的认识,陈氏发觉朱氏对他的关切竟不在亡友吕祖谦之下,而朱氏也发现陈氏的才气识略确异流辈,不似在他想像中的那般浮夸虚怯。于是,跨越了不相同的思想,以相互的理解作为基础,两人的友谊异乎寻常地增进了。

这时候陈氏又已在乡重度其教读生涯,虽然已为举世所摈弃,而他对于世事却是无论如何也总不能置之度外,吕祖谦之死,使他几乎感到无可再与纵论一切的人,而现在却知道朱氏并不是一个除拱手谈性命外对现实问题无所关怀的人,长时间的晤谈,朱氏的一切议论,不唯出于他的所闻之外,抑且不在他的意料之中。而朱氏又方在向用,他希望朱氏肯挺身出而干一番挽救时厄的大事业。在别后月余,朱氏专介致函陈氏,且送他一部《战国策》、一部《论衡》及自注《田说》,陈氏于收到后遂又复函朱氏,与之大谈世局:

……《战国策》、《论衡》、《自注》为贶甚佳,敢不下拜。《田说》读得一遍稍详,若事体全转,所谓智者献其谋,其间可采取处亦多,但谓有补于圆转事体,则非某所知也。

居法度繁密之世,论事正不当如此。此亦一述朱耳,彼亦一述朱耳,欲以文书尽天下事情,此所以为荆扬之化也。度外之功岂可以论说而致,百世之法岂可以辏合而行乎。

天下大物也,须是自家气力可以斡得动、挟得转,则天下之智力,无非吾之智力,形同趋而势同利,虽异类可使不约而从也。若只欲安坐而感动之,向来诸君子固已失之偏矣,今欲斗钉而发施之,后来诸君子无乃又失之碎乎。论理论事若插桶然，此某所不解也。

秘书挺特崇深，自拔于党类之中，岁晚庶得一快。方自委托，岂敢怀不尽。意之所到，虽缕缕未止，有不然者，却望见教。

这年夏浙东诸州大旱，岁事极惹人忧虑，也正如国事一样。而二者碰在一起，更使得陈氏意况不佳，他便只好再向朱氏函陈一切，附送新作若干篇，并说旱势若终无救，且将到绍兴朱氏的治所去求一碗现成饭吃了：

不获听博约之诲，又复三月，起居之问，不到凡格，亦复逾月矣。尊仰殆不容言。即此暑气可畏，伏惟临按有相，台候动止万福。

某顽钝只如此，但意况甚觉不佳，甚思一走门墙，解此烦愦。初只候君举不来，今又为俗事所扰，加以天作旱势，令人遂有旦暮之忧，以故要摆离未能得，今只决之六月耳，雨不雨皆非人力所能为也。

近有杂论十篇，聊以自娱，恨举世未有肯可其论者，且录去五篇，或秘书不以为谬，当继此以进。然其论亦异矣。余五篇乃是赏罚形势，世卿恩旧，尤与世论不合，独恐秘书不以为异耳。

一春多雨，五月遂无梅雨，池塘皆未蓄水，亦有全无者，麦田亦有至今未下种者。世俗所谓"会龙分龙皆无雨"。今年秋尖皆赤，小民所甚忌。又俗谚"五月若无梅，黄公揭耙归"之说，此细民占卜如此。以大势论之，渡江安静又五十余年，文恬武嬉，今亦甚矣，民疲兵老，今亦极矣，安静之福难以常幸。去年除绍兴外旱势犹未透，其祸必集于今年，而秘书又适当此一路，若岁事小稔或可求去，大势既如此，所谓

"将恐将惧"之时也，庙堂岂容去哉。富家之积蓄皆尽矣，若今更不雨，恐巧新妇做不得无面怀饦，百念所聚，奈何，奈何？……

六月若一向遂无雨，田秧亦无所营救，但当去绍兴请教，且求一碗现成饭吃，不能别生受。天下大计自责之长人，秘书何以处之？绍兴有梅雨否？无不插之田否？旱疫之余而重以此，庙堂虽欲以恬然处之可乎？大亏了主上也。

当今之世，而不大更化以回天意，恐虽智者无以善其后，此不待深见远识而后知，然而皆不知虑何也？虑者不当而当者不虑，是岂天下之事终不可为乎，亦在其人而已矣。到此亦不须大段推托，同舟遇风，亦各为性命计耳。

胸中所欲言万端，微秘书无以发其狂，而困于俗事，又困于诸生点课，临风引颈，徒剧此情。

前日偶说《论语》到舜五人、周十乱、孔子所谓才难处，不觉慨然有感：自古力足以当天下之任者，多只一个两个便了一世事，超世迈往之才，岂可以人人而求之乎。虞周至于五人九人，真可谓盛矣，亦古今之所无也。

又因书院出"立太师太傅太保，兹惟三公，论道经邦，燮理阴阳，官不必备，惟其人"作义题，亮因为破两句："圣人不以才难而废天下之大政，亦不以任重而责天下之常才。"秘书以为如何？纸尾及之，以共发五百里之一笑也。

随兴之所至，无所不谈，这俨然是他和吕祖谦交往时的那情形了。

然而，在思想上是那样各走极端的两个人，这是人人周知的，而其间竟会有了这般投合的感情，这事情实在显得有些突兀，突兀到也使人们发生了一些疑团。等到这年的秋季，朱氏到台州去巡视，因处州倅高文虎的告发而有奏劾台州守唐仲友不法的事件，人们的疑团到此好像得到了一个解释，以为陈氏之所以得朱氏为友，必是以出卖旧友唐氏作了条件的，且认定这弹劾案的伏线必即在春初朱陈会晤之时。陈氏的贫困的家况，放荡的生活，以及他在场屋中的失利等等，在人家的传说中也便都和这事发生了逻辑上的关联。

唐仲友氏的学行，不但在浙东诸儒中自成一家，即在其时整个的学术界中也颇负时誉。他曾做过建康府的通判，曾任著作郎，后又出知信州，移知台州，历任的成绩都很好。单以在台州任内而论，他因为遇到旱灾，便条具救荒之策，向朝廷建议采用司马光的旧法，令富室有积蓄的人出其积蓄，由官方发给印历听其举贷，量出利息，俟年丰时再由官家代为收索，以示必信，后来朝廷上就听他依照此项办法实行了。另外，对于地方上应兴应革的事也都尽力去办，桥梁水闸，随宜建置，对于锄治奸恶更不肯放松。似这样一个地方官吏，为什么朱氏竟加以弹劾呢？再就朱氏的奏章而论，其中所举数的唐氏的罪名，虽亦事状多端，而其最重要的则在于官妓严蕊一事，说唐氏父子均与严蕊有染，致令其出入官舍，交通货贿。此外则唐氏尝用官钱刊印荀扬王韩四子书，也竟被列为罪状之一，可见朱氏确实是有意文致其罪的。然而究竟朱氏何所憾于唐氏而必如此呢？

人们以为这风波完全是陈氏鼓动起来的。

有人是这样说：陈氏在这落拓家居的期间，虽则经济状况是非常困窘的，他却对这一位台州的官妓严蕊交往极繁。在唐氏做了台州守的时候，因为是朋友，陈氏很希望能藉唐氏之力而替这妓女脱籍。唐氏既深知陈氏的贫困，便先示意于严，教她不要自讨这份苦头吃。这话果然发生了效力，从此严蕊对于陈氏的态度便变得十分冷落了。陈氏后来得知这事件的原委便非常恨恶唐氏。等到朱氏做了浙东的监司之后，陈氏便火速跑去见朱，极力以谗言相谮，说唐氏曾诋毁朱氏道："尚不识字，如何便作监司！"朱氏信了这些话，气愤了，那时他本已到台州视察过了，遂又藉口那里有冤狱须理，二次转至台州，发动了奏劾唐氏的事件。

又有人说：当陈氏在太学中的时候，有一次，唐氏充任公试时的考官，他那时对于陈氏的文名之高，在心里颇有一些憎恨，因为他深知道陈氏的学问上有一缺点，就是对于礼制度数等事平素不甚考究，他便对准了这项缺点，出了《礼记》中有关度数的问题，藉以刁难陈氏。陈氏果然大受其窘，没能做出合格的文字来。而在陈氏被黜落之后，唐氏且还拿着这份不及格的卷子遍示诸考官，嘲笑陈氏的空疏无实。这自然使得陈氏非常憎恨。及后唐氏作了台州守，陈氏探知他和官妓严蕊有私，并探知唐氏的儿子颇通贿赂，遂假藉朱氏作监司的机会，将唐氏这些劣迹一一告诉了他，希图利用朱氏的权势来为自己谋报复。朱氏一切信以为真，遂把唐氏认作极恶大憝而加以纠弹，其态度之峻急，竟至连上六章，必待唐氏去位而后已。

传说中的原因尽管不同，朱氏劾唐一案是由于陈氏的谗谮而起，人们却深信不疑。甚至唐氏本人也是这样怀疑着陈氏的。

由朱氏对唐态度之忿厉一点看来，其必曾听到一些谗言谗语，定是不成问题。然而这些谗言谗语是否出于陈氏之口呢？在陈氏写给朱氏的信中，就有对这问题的答案：

……台州之事，是非毁誉往往相半，然其为震动则一也。世俗日浅，小小举措已足以震动一世，使秘书得展其所为于今日，断可以风行草偃。风不动则不入，蛇不动则不行，龙不动则不能变化。今之君子欲以安坐感动者，是真腐儒之谈也。孔子以礼教人，犹必以古诗感动其善意，动荡其血脉，然后与礼相入。未兴于诗而使立于礼，是真嚼木屑之类耳，况欲运天下于掌上者，不能震动则天下固运不转也。此说虽粗，其理却如此。《震》之九四有所谓"震遂泥"者，处群阴之中，虽有所震动，如俗谚所谓"黄泥塘中洗弹子"耳，岂有拖泥带水便能使其道光明乎。

去年之举,《震》九四之象也。以秘书壁立万仞,虽群阴之中亦不应有所拖带。至于人之加诸我者,常出于虑之所不及,虽圣人犹不能不致察。奸狡小人,虽资其手足之力犹惧其有所附托,况更亲而用之乎?物论皆以为凡其平时乡曲之冤,一皆报尽。秘书岂为此辈所使哉,为其阴相附托而不知耳。既为此辈所附托,一旦出于群疑之上而有所举措,岂不为其拖带乎。况更好人恶人,皆因其平时所不快而致其拖带之意,秘书虽屹然为壁立万仞之举,固不能使其道光明矣。二家各持一论,惟亮此论为甚平,未知秘书以为如何。或更谓未然,不惜一往复其论也。

已往之事正不足多论,盖谓事会之来,未有终极,秘书虽决意草野山崖之间,政恐缓急依旧被率出来,无可辞之处耳。刘越石一世豪杰,乃为令狐盛所附托,方知孔子所谓"远佞人"者,是真不可不远也。如亮已为枯株朽木,与一世并无所关涉,惟于秘书不敢不致其区区耳。

且如东阳之事,此岂可放过,但当时有人欲在中附托,亮既为人之客,只应相劝,不应相助治人,合在秘书自决之,却因一停房人而治之,此于事理尤不可,又宁是当时为人所附托耳。亮之本意,大抵欲秘书举措洒然,使识与不识皆当其心而无所不满,岂敢为人游说乎?是真相期之浅。此人虽幸免,辛为天所杀,今世烦天者多矣。

亮平生不曾会说人是非,唐与正乃见疑相谮,是真足当田光之死矣。然穷困之中又自惜此泼命,一笑。

亮方整顿室宇什物就绪,且更就南边营葺小园,架数处亭子,遂为老死田间之计,不敢望今世之见知见恕也。

秋初得潘叔昌柬,言秘书疑某见怪,某非多事者,秘书又作此言,亮真无所望于今世矣。

这里所论及的，几乎无一不与劾唐一案有关，陈氏的态度从此也可看得明白，他虽然认为朱氏此举颇震惊了一时的耳目，但实际上却是被一般小人所蒙蔽、所附托、所利用，不免有累于朱氏的盛德。则其对朱氏此项举措之不甚赞同固极显然。后面提及唐氏之见疑，竟至要以一死以明其无它，倘使前此果有相谮的话，即令陈氏不惜自相反覆，朱氏又岂肯容其出尔反尔而不以前此的话语来相诘责呢？

虽然交结了道德醇谨的朱氏作朋友，而陈氏却还是"我行我素"，他日常应事接物的态度并没有因此而改变得稍稍纯谨一些；对于学术的见解，以及自身的思想方面，也并没有改变丝毫，以谋与朱氏稍相接近。然而朱氏的度量终于不能与吕祖谦氏相比，他对于陈氏的这一切终于涵容不下，他也不能像吕氏那样地委婉劝导，因而在此后的信件中便逐渐以峻厉的态度相临，而终至酿成一场关于王霸义利的大争辩（详后），在思想上，竟可说是已经处于短兵相接的敌对地位了。

然而陈氏对于朱氏的尊敬，却并不因为思想上的争持而稍减。凡在可能的时候，他总派遣专人去问候朱氏，甚至自己也几次想亲身前往。每遇到朱氏的生辰，他又总不忘记，在事前赋赠一阕寿词，并附送一些祝寿的礼物前去。

十六 系 狱

在种种顿挫之下,他曾经灰心失意,也曾立志改悔,试着把自己收敛一下,然而这些情形都不能继续得好久,他便又故态复萌了。他不能放弃对于世俗的那副挑战态度。为着自身的前途,他也不能不再继续挣扎。就在这所志不遂,且还在四处碰壁的过程中,陈氏渡过了他的四十岁。

不论是幸或不幸,不论被世俗认为成功或失败,陈氏的姓名却几乎是上自朝贵下至林野全都闻知了。他成了多少人的目光集视之点。然而:

> 才者争之端,据其端而争日至;而名者忌之府,趋其府而忌群与。

陈氏虽然体会出这番道理,他却依然在恃才傲物,且尚为了求取功名而汲汲皇皇,这正是既据争端,又趋忌府,更加他那一张牢骚的嘴,每天不知道为他制造多少怨缘。只要见人处理事情稍不切合,哪怕是毫不干己的事,他总禁不住从旁叫喊一声,因而在诸多家长里短,是非口舌之内,几乎都有陈氏的一份。于是,不管他的用心是怎样地想安居于乡曲事务纷扰之外,甚至连一切所谓公益的事,如社仓、义役、赈济等,也都设法不去参与,而终于还是免不掉人家对他的厌忌和诽谤。在自己本是一些毫无意识的举动,也被人横加曲解误解,一并成了撷拾的目标。在这种情形之下,陈氏既还没有功名和利禄可以使人向着他的身份低头，也便很难想出方法可以作为自身的安全的保障。诬枉冤滥的灾祸遂无可避免地降临到陈氏身上。

作为这次祸患的导火线的，是陈氏的一位同乡，也是他的一位学生吕约的一件事。

在陈氏的生徒当中，吕约被称为三杰之一。他的性格大约也略似其师，对于平素的言行，都不肯仔细加以检点。在一次酒醉之后，他忽然豪兴大发，便在一座颓败不堪的破寺里，扮演起作皇帝的把戏来了。一个妓女被拉来扮成妃子。这寺里自然因此而聚集了不少的观众，其中也有和他时常在一起鬼混的伙伴。

"有了妃子了，谁作丞相呢?"伙伴中一个姓卢的人发问。

"就请□□❶作我的左相吧。"皇帝随意指定了伙伴中的一个人。

"何以处我?"依然是姓卢的那人发问，竟有些向隅之感了。

"你作右相。"皇帝的爵赏来得非常爽快。

"左右二相得了这般的人物，这回我的大事可以成功了。"皇帝又说。

左右二相便把皇帝请到寺僧所坐的高座上边，端端正正，像模像样地坐在那里，听他们两人跪在地下奏陈一些事件。接着是妃子献酒，唱着"降黄龙"的歌子为皇帝贺寿；接着是三人一起高呼万岁，接着是大家一哄而散。

谁都知道，这只是一幕滑稽剧罢了。

却不料，过了很久的时日以后，到淳熙十一年初春，那位曾扮演右相的卢某和这位扮演皇帝的吕约，为了不满百钱的争论，二人之间竟结下了莫大的仇怨。那幕滑稽剧到这时竟发生了正经的作用，卢某出面自首，以"谋叛"和"犯上"的罪名把吕约告发

---

❶ 叶绍翁《四朝闻见录》本作陈亮，今不取，说详拙作《陈龙川狱事考》。

了，说他真是有心想作皇帝。

吕约因此被逮系狱，同时受了牵累而被逮系的还有许多闾里平民。

在这件讼案尚未开始，当吕约和卢某的仇隙刚在发生的时候，因为是新过了年节，乡间举行了一次宴会，陈氏、吕约的父亲师愈以及卢某的父亲，都是在座的人。满座多属乡下老，只有陈氏是一个曾经东西南北地奔走过的人，而又是个远近知名之士，虽则平素并不为乡里所看重，在这宴会的场面上，却不免对他表示了一点特别的敬意，而其实也只是非常区区的一点，只不过在他的羹汤中多加了一点肉，并放进一些胡椒末而已。然而因此就又生出了枝节。

吕约等人被捕之后，几经审讯，终于是证据不足，单是扮演过那次滑稽剧，并不能构成叛逆的罪名，因而被捕不久就有被释放的可能。这在卢某是极不肯甘休的，他要再从另外的方面找些借口，使吕约不至立即出狱。恰在这时候，卢某的父亲因病去世了，卢某遂异想天开，扬言他父亲的病就从那次宴会过后开始。各人的羹汤既都有些差别，他父亲的一份一定是被人放了毒药进去，所以在那宴会后便生了病，以至于一病不起。想出了这种种理由，他便将这谋害的责任加在吕师愈和曾在宴会上受过特殊待遇的陈氏的身上，而以"置毒谋害"的罪名告发了他们两人。在二三月之交，这两个人便也一同被捕了。

人生的严肃性，在培植时虽是万般困难，当要破坏它时，却是毫不费力的。一个无赖，一个狱卒，都可以顺手将一个不论具有何等才干谋略的人，从高处拖下，使他变成一个溷在泥塘或在粪坑中的猪狗，听受他们的摆布，捉弄！

在卢某的告讦中，主要的对象是吕家父子，陈氏只是一个从犯，即使罪名真能成立，关系也并不太大。无奈，陈氏的放纵不羁的素行，积怨于人的地方已经太多，既然经由吕氏的告发而成了落在法网中的罪人,遂不免有些人要趁这机会而一泄其宿怨,单是作为一个从犯治罪,并不能满足那些人的狠狠之心。于是下自狱吏,上至廷尉,都努力要在另外的方面为陈氏罗织一些罪状。

最方便的借口,又从他和朱熹新近的友谊关系上找了出来。

朱氏一班人,平素专门致力于道德性命之学,对于现实的政治、社会、外交、军事等问题不甚关心,本不会遭受当权者的嫉恨。但在弹劾唐仲友的事件中,朱氏作得太过火了一些,唐氏是金华人,其时的宰相,也正是金华的王淮,他们除了乡谊之外,且还有亲戚关系,唐氏之逐渐向用,得力于王氏之处颇多。当劾案发生之后,王氏本想调停于其间,在孝宗问及此事时,他也只答了一句:"秀才争闲气耳。"朱氏以为王淮的这种态度实际便是袒护唐氏,遂持之愈急,结果虽使唐氏被罢免了,朱氏自身却不免也深为朝路所忌恨。后来郑丙、陈贾诸人出而逢迎,在淳熙十年遂有严禁道学的一桩公案。从这事件之后,当权的人对于朱氏所领导的道学一派,是要作有计划的打击了。

早在五年之前,陈氏于所上的奏疏当中,对于自命为正心诚意之士的人们就曾痛骂过一番。在他吊吕祖谦的祭文中,因为有"忠孝仁爱不足以应天下之变"的话,又曾被朱氏目为怪妄。这些,既已是人所周知的事,则其绝不属于朱氏的宗派之内,也应是大家所公认的。最不凑巧的,是在五年前陈氏的那封奏疏中,陪同着道学家一同受骂的,还有执掌军政权要的一般人,到了这时,一般大小官员的脑子里,对于陈氏的奏疏所还分明记得的,也就只剩了这一点。尤其不凑巧的,是陈氏与朱氏新近又成了契友。两人的交谊能如此亲密,大约是陈氏对于道学宗师已经表示降附了吧?陈氏的家况本是那样的不好,而近来不唯能够饱食暖衣,且有日渐充裕之势,大约是借了朱氏作监司的势力,不免作些招摇事体而得来些许货贿吧?不论他们是否认真这样猜疑着,他们却拿了这些作为诬陷陈氏的口实。就这样,狱事的起因已一切置之不论,只向题外的事情上发挥、推寻,甚至陈氏在投到状中措词的不当,也成了推狱人的周纳的资料。这样地聚拢了几件捕风捉影的事实,他们便向着陈氏大施其狠毒的伎俩。那般地痛恨道学家们而也为道学家们那般地痛恨着的一个人,现在竟是代表道学家们而受祸了。

两手两足,陈氏也和其他的狱囚们一样,都带着狱具。能够侮辱一个厕身于士大夫阶层的人,正是使狱卒们证明其有无上威权的好机会,他们当然知道如何好好地利用这机会的。

幸而丞相王淮和陈氏是旧相识,在惩治之余居然也触动了一点故旧情怀,自然他并不愿意陈氏即得开脱,然而却说了一句帮忙的话,使陈氏得免于杖笞之苦。另外的几位当道者,正义感没有那份患得患失心的比重大,虽也还不乏与陈氏相识的人,却正因为是相识,就更担心被这罪犯所污染,是连这样的一句话也都不肯说了。

于是,援救的责任就只剩给了几个名位较陈氏更为卑微的人。

一个是陈氏的妻弟何大猷。陈氏的妻父于去年七月间刚刚死去,这时何大猷还在居丧期内。他曾跟陈氏受过学,所以还不只是亲戚的关系。对于营救的事,他自然为力无几,但他却和子弟对于父兄一般,凡是可能做到的,他都竭尽了自己的力和心。风涛险恶的浙江,有时候他要于一天之中作两次往返,甚至碰到了几乎要翻船的危险,他对之也毫不畏避。

一个是陈氏的庶弟,是在生后百余日就出养于张姓家中,到十七岁方得归养于陈家的那位庶弟陈明。左右的扶持,昼夜的服侍,都是由他负责的。

另外还有陈氏的两个学生,喻侣和喻南强兄弟二人。喻侣是最先相信了陈氏的学说而来从他受学的人,陈门中有了他,略似孔门中有了子路,外边的许多诽议,从此很少传入陈氏的门墙之内了。陈氏系狱之后,他首先倡导同门诸友,极力谋取解救的方法。他的从弟南强,自幼即有一副离奇古怪的脾气,他父亲认为他与陈氏的性情颇有些相近，便也送他受学于陈氏。陈氏生徒的数目，合前后几年计算，已经不止百人，但当喻偘倡议营救陈氏的时候，却多半慑于当路的威炎，学做一个深秋的蝉，沉默着不应一声。只有他这位从弟，响应了他的主张，亲自跑到永嘉去晋见陈氏的友人叶适，申述陈氏的冤枉情形，请求叶氏设法向一般权贵们关说一下。叶氏即时在烛光下写就几封信，他便又即时拿了去晋见各个当事官员。

人是些这般低贱卑微的人，他们的努力当然是枉费的。由春而夏，陈氏及其同案犯人都还没有开释之望。

到五月中旬，吕师愈的次子吕皓，在临安投匦上书，说明他父兄的罪名全出于仇人怨家的捏造，陈氏的被累尤其是诬罔，他请求捐弃了自己新被任命的官职，而赎取他的父兄和受累的陈氏的自由。是这份孝心和义气，感动了孝宗皇帝，由于皇帝的特旨，在五月二十五和二十六两天，所有前后两次讼案中的狱囚全被开释。到六月初二，陈氏由行都回到家里。

然而劫运还有它的余波。

人们看透了欺侮陈氏这个人是一件多么容易的事。把陈氏一度置之缧绁之中，且曾使他冒受过杀身的危险，这已使一部分在位的人发抒了他们的积怨，而别的怀有愤懑的人也遂不免见猎心喜，想乘这事势来打劫。陈氏脱离棘寺回家之后，既已受尽了人间的屈辱，实在羞于与世人相见，在反省中，他想到：这次的事件，一切固皆出于人家的虚构，然而有虚形然后才有虚影，自身终有不能完全辞责之处。又想到：不恤世间的毁誉怨谤，虽可以昂然自立，取祸之因却也正在于此。遂即决定休形息影以图苟安，闭门潜居，不再与外人相往还。家居还没有好久，他妻弟何大猷的家里发生了一些事故，需要他去帮同料理，他便时常跑去义乌。在一次归途中，一个拥有巨赀的土豪，正聚集了几十个凶徒，在中途伺候着他，借了一些事端，想加以毒害。很侥幸，陈氏终得逃脱开了。接着，他把这一伙人犯在县署告发，县署不肯加以惩治，又告之于州，州官也淡焉漠焉地处之，陈氏费尽了周折，才得使他们受到一些惩罚。这时候代替朱熹而作浙东的监司的，是丘崈，他和陈氏本有不甚浅的交谊，却也听受了别人的谤伤之言，对陈氏的诉状表示不十分信任的态度。陈氏因为自身既然幸得保全了生命，对这一切也就不去过细计较了。但他终因此而感觉到世途之日狭，自身又素不隶属于任何行户，则其展转陷于榛莽之中而无有已时，又正是事理所当然，于是，为了遮蔽身家计，他又有到科场去求取功名的打算了。

在途中遭逢危险的第五日，陈氏又为病魔所缠扰，头抬不起，眼睛睁不开，昏昏到几乎不省人事。一连卧床二十余日才得复元。

十七　王霸义利之辨

当局要打击道学党徒，从近年来朱陈交往的形迹方面，他们认定陈氏已经归附于朱氏的宗派，于是就让他代表了朱氏一派而受了祸害。在朱氏，他之所以乐得与陈氏相交往，自始却是怀着一项企图：要把陈氏说服。朱氏在浙东监司任内，按行各地，到处和当地的士人游谈，他发觉在每个人的思想当中，都夹杂着一种趋时徇势驰骛功名的倾向，这和他所讲求的明心见性之学，恰恰背道而驰。任这趋势继续下去，整个学术界的风气都将受其传染，终至于败坏不堪，他非常担心这一点。擒贼擒王，他觉得必须先说服陈氏，使其趋于正途方可。及至几经努力，他发觉陈氏丝毫不肯改变自己的主张，便逐渐认陈氏为思想上的敌人，等他知道了陈氏入狱的消息时，他认定这是陈氏不循轨范的素行有以取之，因而也并不作何种营救的打算。

当陈氏入狱的时候，朱氏早已卸了浙东监司之任而安居讲学于新建造的武夷精舍中了。武夷山距浙江的杭州、金华等地有千余里的路程，消息的传递时常不免于错误。在四月中间朱氏听到一个消息，说是陈氏已被开释了，他便趁着门生潘景宪回浙的方便，托他带交陈氏一书，书中一方面是对于陈氏的慰问，而更重要的一方面却仍是要借这机会劝陈氏反省一番，从此改变他的思想，取消他的"义利双行、王霸并用"的主张。

五月末，陈氏于被释后，首先在临安写了一封短信给朱氏，把这次入狱和出狱的原委告知朱氏，牢骚之余，说是此后要做一个少林面壁的人了。这信是托朱氏的一个门人带回福建的。回家后又见到潘景宪带来的一信,朱氏的话更触动了他的积愤,他觉得也该是直率地表白自己的思想和治学与处世的态度的时候了,顺势便写了一封长信,对朱氏完全采取了反抗的态度。继此之后,两人间续有若干次的往复讨论,造成了一次极尖锐的论战——王霸义利之辨。

朱氏托潘景宪带交的信云:

> 比忽闻有意外之祸,甚为惊叹。方念未有相为致力处,又闻已遂辨白而归,深以为喜。人生万事真无所不有也。比日久雨蒸郁,伏惟尊候万福。
>
> 归来想诸事仍旧。然凡百亦宜痛自收敛。此事合说多时,不当至今日迟顿不及事,固为可罪;然观老兄平时自处于法度之外,不乐闻儒生礼法之论,虽朋友之贤如伯恭者,亦以法度之外相处,不敢进其逆耳之论,每有规讽,必宛转回互,巧为之说,然后敢发。平日狂妄,深窃疑之,以为爱老兄者似不当如此,方欲俟后会从容面罄其说,不意罢逐之遽,不及尽此怀也。
>
> 今兹之故,虽不知所由,或未必有以召之;然平日之所积,似亦不为无以集众尤而信谗口者矣。老兄高明刚决,非吝于改过者,愿以愚言思之,绌去"义利双行、王霸并用"之说,而从事于惩忿窒欲、迁善改过之事,粹然以醇儒之道自律,则岂独免于人道之祸,而其所以培壅本根、澄源正本、为异时发挥事业之地者,益光大而高明矣。
>
> 荷相与之厚,忘其狂率,敢尽布其腹心。虽不足以赎稽缓之罪,然或有补于将来耳。不审高明以为何,悚仄悚仄。

答陈氏临安所致书云:

昨闻汹汹，尝托叔度致书奉问，时犹未知端的，不能无忧。便中忽得五月二十六日所示字，具审曲折，喜不可言。且得脱此虎口，外此是非得失置之不足言也。林和叔过此，又得闻其事首末尤详，是亦可叹也已。

还家之后，诸况如何？所谓"少林面壁"，老兄决做不得，然亦正不当如此，名教中自有安乐处。区区所愿言者已具之前书矣。大率世间议论，不是太过即是不及，中间自有一条平稳正当大路，却无人肯向上头立脚，殊不可晓。老兄聪明非他人所及，试一思愚言，不可以为平平之论而忽之也。偶有便，匆匆未暇索言。

陈氏出狱还家，见到前一封信，并没有即刻作答，及后途中几被人害，归家卧病在床，自以为或不免于一死，而一生被人谤议，从未自明，设使真个死了，更有谁代为明其心迹呢？于是勉强起身，作了一封详尽的答书：

五月二十五日，亮方得离棘寺而归，偶在陈一之架阁处逢一朱秀才，云方自门下来，尝草草附数字。到家始见潘叔度兄弟递到四月间所惠教，发读恍然，时犹未脱狱也。讯后遂见秋深，伏惟燕居有相，台候动止万福。

比过绍兴，方见《精舍杂咏》所谓《櫂歌》者，自宇宙而有兹山，却赖羊叔子以发泄其光辉矣。恨不得从容其间以听余论，略分山水之余味以归，徒切健仰而已。韩记陆诗，亦见录本。深自叹姓字日以湮没，笔力日以荒退，不能以言语附见诸公之后尘，为可愧耳。张果老下驴儿，岂复堪作推磨用，已矣，无可言者。

司马迁有言："贫贱未易居，下流多谤议。"因来教而深有感焉。亮之生于斯世也，如木出于嵌岩嵚崎之间，奇蹇艰涩，盖未易以常理论，而人力又从而掩盖磨灭之，欲透复缩，亦其势然也。

亮二十岁时，与伯恭同试漕台，所争不过五六岁，亮自以姓名落诸公间，自负不在伯恭后。而数年之间，地有肥硗，雨露之养，人事之不齐，伯恭遂以道德为一世师表，而亮陆沉残破，行不足以自见于乡间，文不足以自奋于场屋，一旦遂坐于百尺楼下，行路之人皆得以挨肩叠足，过者不看，看者如常，独亮自以为死灰有时而复然也。伯恭晚岁亦念其憔悴可怜，欲拉拭而俎豆之，旁观者皆为之嘻笑，已而叹骇，已而怒骂。虽其徒甚亲近者，亦皆睨视不平，或以为兼爱太泛，或以为招合异类，或以为稍杀其为恶之心，或以为不遗畴昔雅故。而亮又戏笑玩侮于其间，谤议沸腾，讥刺百出，亮又为之扬扬焉以资一笑，凡今海内之所以云云者，大略皆出于此耳。

伯恭晚岁于亮尤好，盖亦无所不尽。箴切诲戒，书尺具存。颜渊之犯而不校，淮阴侯之俛出跨下，俗谚所谓"赤梢鲤鱼，蘁瓮可以浸杀"，王坦之以为"天下之宝当为天下惜之"，所谓克己复礼者，盖无一时不以为言。亮不能一一敬遵其戒则有之，而来谕谓伯恭相处于法度之外，欲有所言必委曲而后敢及，则当出于其徒之口耳。

如亮今岁之事，虽有以致之，然亦谓之不幸可也。当路之意主于治道学耳，亮滥膺无须之祸：初欲以杀人残其命，后欲以受赂残其躯，推狱百端搜寻，竟不得一毫之罪，而撮其投到状一言之误，坐以异同之罪，可谓吹毛求疵之极矣。最好笑者，狱司深疑其挟监司之势，鼓合州县以求赂。亮虽不肖，然口说得，手去得，本非闭眉合眼、朦瞳精神、以自附于道学者也，若其真好赂者，自应用其口手之力，鼓合世间一等官人，相与为私，孰能御者？何至假秘书诸人之势，干与州县以求贿哉！狱司吹毛求疵，若有纤毫近似，亦不能免其躯矣。

亮昔尝与伯恭言："亮口诵墨翟之言，身从杨朱之道，外有子贡之形，内居原宪之实。"亮之居乡，不但外事不干与，虽世俗以为甚美，诸儒之所通行，如社仓、义役及赈济等类，亮力所易为者，皆未尝有分毫干涉。只是口唠噪，见人说得不切事情，便喊一响，一似曾干与耳。

凡亮今日之坐谤者，皆其虚影也。惟经狱司锻炼方知是虚。然亮自念：有虚形而后有虚影。不恤世间毁誉怨谤，虽可以自立，亦可以招祸。"今年取金印如斗大"，周伯仁犹以此取祸于王茂弘。自六月二日到家，方欲一切休形息影，而一富盗乘其祸患之余，因亮自妻家回，聚众欲篡杀之，其幸免者天也。不知今年是何运数，自是虽门亦不当出矣。秘书若更高着眼，亮犹可以舒一寸气；若犹未免以成败较是非，以品级论辈行，则涂穷之哭岂可复为世人道哉。

李密有言："人言当指实，宁可面谀。"研穷义理之精微，辨析古今之同异，原心于秒忽，较礼于分寸，以积累为功，以涵养为正，睟面盎背，则亮于诸儒诚有愧焉；至于堂堂之阵，正正之旗，风雨云雷交发而并至，龙蛇虎豹变见而出没，推倒一世之智勇，开拓万古之心胸，如世俗所谓粗块大脔，饱有余而文不足者，自谓差有一日之长。而来教乃有"义利双行、王霸并用"之说，则前后布列区区宜其皆未见悉也。

海内之人，未有如秘书之笃实真切者，岂敢不往复自尽其说，以求正于长者。

自孟、荀论义利王霸，汉唐诸儒未能深明其说，本朝伊洛诸公，辨析天理人欲，而王霸义利之说于是大明。然谓三代以道治天下，汉唐以智力把持天下，其说固已不能使人心服；而近世诸儒遂谓三代专以天理行，汉唐专以人欲行，其间有与天理暗合者，是以亦能长久。信是言也，千五百年之间，天地亦是架漏过时，而人心亦是牵补度日，万物何以阜蕃，而道何以常存乎？故亮以为汉唐之君本领非不洪大开廓，故能以其国与天地并立，而人物赖以生息；惟其时有转移，故其间不无渗漏。曹孟德本领一有跷欹，便把捉天地不定，成败相寻，更无着手处，此却是专以人欲行；而其间或能有成者，有分毫天理行乎其间也。诸儒之论，为曹孟德以下诸人设可也，以断汉唐，岂不冤哉，高祖太宗岂能心服于冥冥乎。天地鬼神亦不肯受此架漏。

谓之杂霸者，其道固本于王也。诸儒自处者曰义曰王，汉唐做得成者曰利曰霸，一头自如此说，一头自如彼做，说得虽甚好，做得亦不恶，如此却是义利双行、王霸并用；如亮之说，却是直上直下，只有一个头颅做得成耳。向来十论，大抵敷广此意。只如太宗，亦只是发他英雄之心，误处本秒忽，而后断之以大义，岂右其为霸哉。

发出三纲五常之大本，截断英雄差误之几微，而来谕乃谓其非三纲五常之正，是殆以人观之而不察其言也。王霸策问盖亦如此耳。

夫人之所以与天地并立为三者，以其有是气也。仁智勇之达德具于一身而无遗也。孟子终日言仁义，而与公孙丑论一段勇如此之详，又自发为浩然之气，盖担当开廓不去，则亦何有于仁义哉。气不足以充其所知，才不足以发其所能，守规矩准绳而不敢有一毫走作，传先民之说而后学有所持循，此子夏所以分出一门而谓之儒也，成人之道宜未尽于此。故后世所谓有才而无德，有智勇而无仁义者，皆出于儒者之口，才德双行，智勇仁义交出而并见者，岂非诸儒有以引之乎。故亮以为学者学为成人，而儒者亦一门户中之大者耳。秘书不教以成人之道，而教以醇儒自律，岂揣其分量则止于此乎？不然，亮犹有遗恨也。狂瞽辄发，要得心胆尽露，可以刺剟而补正之耳，秘书勿以其狂而废其往复，亦若今世相待之浅也。

　　向时祭伯恭文，盖亦发其与伯恭相处之实，而悼存亡不尽之意耳。后生小子遂以某为假伯恭以自高，痴人面前真是不得说梦。亮非假人以自高者也，擎拳撑脚，独往独来于人世间，亦自伤其孤零而已。秘书若不更高着眼，则此生真已矣！

　　亮亦非缕缕自明者也，痛念二三十年之间，诸儒学问各有长处，本不可以埋没，而人人须着些针线，其无针线者又却轻佻，不是屈头肩大担底人，所谓至公血诚者，殆只有其说耳。独秘书杰特崇深，负孔融、李膺之气，有霍光、张昭之重，卓然有深会于亮心者，故不自知其心之惓惓，言之缕缕也。

　　去年承惠《李赞皇集》，令评其人，且欲与春秋战国何人为比。此人干略威重，唐人罕有其比，然亦积谷做米，把缆放船之人耳，遇事虽打叠得下，胸次尚欠恢廓，手段尚欠跌荡，其去姚元崇尚欠三两级，要亦唐之人物耳，何暇论夫春秋战国哉。管敬仲、王景略之不作久矣，临楮不胜浩叹之至。

因为朱氏规劝他取消"义利双行、王霸并用"之说，所以他在这答书中把他对于王霸义利的见解发挥得特多。汉唐既都是一个顶天立地的朝代，而且都撑持了数百年，在陈氏认为这必由于汉祖、唐宗的行事合于"王"、合于"义"之故，虽间亦杂有利欲或霸术而致不无渗漏，但大体上却与三代的作风不殊。这是发自他的"皇王""纲常"一贯观点中的一种看法，这看法是将历代治法都认作一元的，因而不能称之为什么"双行"或"并用"。若并世诸人认汉唐两代的治法全与"王"和"义"不相干涉，一切均赖智力人欲把持，则是认"智力""人欲"也与"王道""仁义"同样具有可以统治万民，支撑天地的功用，这才真是主张"义利双行、王霸并用"呢。朱氏希望他以醇儒自律，他却表示儒者并不足以尽成人之道，这只是由子夏以来所分出的一大门户而已，他之所愿乃是作一"成人"，绝不愿循持规矩准绳，把自己拘限于儒家之中。这答书是遣人专送武夷山中去的，其时已近朱氏诞辰，便也附了寿词和鲜果裘材等项礼品。朱氏立即作一答书，由陈氏所遣专价带回。一场重大争辩遂从此展开：

……示谕缕缕，殊激懦衷。以老兄之高明俊杰，世间荣悴得失本无足为动心者，而细读来书，似未免有不平之气，区区窃独妄意，此殆平日才太高、气太锐、论太险、迹太露之过，是以困于所长，忽于所短，虽复更历变故，颠沛至此而犹未知所以反求之端也。

尝谓"天理""人欲"二字，不必求之于古今王霸之迹，但反之于吾心义利邪正之间，察之愈密则其见之愈明，持之愈严则其发之愈勇。孟子所谓浩然之气者，盖敛然于规矩准绳不敢走作之中，而其自任以天下之重者，虽贲育莫能夺也。是岂才能血气之所为哉。老兄视汉高帝唐太宗之所为而察其心，果出于义耶，出于利耶？出于邪耶，出于正耶？若高帝之私意分数犹未甚炽，然已不可谓之无；太宗之心则吾恐其无一念之不出于人欲也。直以其能假仁借义以行其私，而当时与之争者，才能智术既出其下，又无仁义之可借，是以彼善于此而得以成其功耳。若以其能建立国家，传世久远，便谓其得天理之正，此正是以成败论是非，但取其获禽之多，而不羞其诡遇之不出于正也。千五百年之间，正坐如此，所以只是架漏牵补，过了时日，其间虽或不无小康，而尧舜、三王、周公、孔子所传之道，未尝一日得行于天地之间也。若论道之常存，却又初非人所能预，只是此个自是亘古亘今常在不灭之物,虽千五百年被人作坏,终殄灭他不得耳。汉唐所谓贤君,何尝有一分气力扶补得他耶?

至于儒者成人之论,专以儒者之学为出于子夏,此恐未可悬断,而子路之问成人,夫子亦就其所与而告之,故曰亦可以为成人,则非成人之至矣。为子路、为子夏,此固在学者各取其性之所近,然臧武仲、卞庄子、冉求中间插一个孟公绰,齐手并脚,又要文之以礼乐,亦不是管仲、萧何以下规模也。

向见祭伯恭文,亦疑二公何故相与聚头作如此议论。近见叔昌、子约书中说话,乃知前此话已说成了。亦尝因答二公书力辨其说。然渠来书说得不索性,故鄙论之发亦不能如此书之尽耳。

老兄人物奇伟英特,恐不但今日所未见。向来得失短长,自不须更挂齿颊,向人分说。但鄙意更欲贤者百尺竿头进取一步,将来不作三代以下人物,省得气力为汉唐分疏,即更脱洒磊落耳。

李、孔、霍、张,则吾岂敢,然夷吾、景略之事,亦不敢为同甫愿之也。

武夷诸诗能为一下语否?韩记陆诗纳呈。韩文又有《櫂歌》今并录去也。大字甚荷不鄙,但寻常不曾为寺观写文字,不欲破例,此亦拘儒常态,想又发一笑也。寄来纸却为写张公集句坐右铭去,或恐万一有助于积累涵养、睟面盎背之功耳。……

次年(淳熙十二年)初春,陈氏对此书作答云:

去秋辱答教,委曲具尽,足见长者教人不倦之意。谓亮书中有不平之气,则诚有之矣。……

前书大略为死计耳。纸末之论，盖非小故，却只略言之而未竟，宜烦来教之辨答也。朋友之论，多教亮以无多聒挠长者，虽然，怀不尽于长者之前，又似不用情，理之所在，岂宜如此但已，更愿一言之：

昔者三皇五帝与一世共安于无事，至尧而法度始定，为万世法程。禹启始以为天下为一家而自为之，有扈氏不以为是也，启大战而后胜之，汤放桀于南巢而为商，武王伐纣，取之而为周，武庚挟管蔡之隙求复故业，诸尝与武王共事者欲修德以待其自定，而周公违众议举兵而后胜之。夏商周之制度定为三家，虽相因而不尽同也。五霸之纷纷岂无所因而然哉。老庄氏思天下之乱无有已时，而归其罪于三王，而尧舜仅免耳，使若三皇五帝相与共安于无事，则安得有是纷纷乎？其思非不审，而孔子独以为不然：三皇之化不可复行，而祖述止于尧舜，而三王之礼，古今之所不可易，万世之所当宪章也。芟夷史籍之繁词，刊削流传之讹谬，参酌事体之轻重，明白是非之疑似，而后三代之文灿然大明，三王之心迹皎然不可诬矣。后世之君徒知尊慕之，而学者徒知诵习之，而不知孔氏之劳盖若此也。当其是非未大明之时，老庄氏之至心岂能遽废而不用哉。亮深恐儒者之视汉、唐，不免如老庄当时之视三代也。儒者之说未可废者，汉、唐之心迹未明也。故亮尝有区区之意焉，而非其任耳。

夫心之用有不尽而无常泯，法之文有不备而无常废。人之所以与天地并立而为三者，非天地常独运而人为有息也。人不立则天地不能以独运，舍天地则无以为道矣。夫"不为尧存、不为桀亡"者，非谓其舍人而为道也。若谓"道之存亡非人所能与"，则舍人可以为道，而释氏之言不诬矣。使人人可以为尧，万世皆尧，则道岂不光明盛大于天下；使人人无异于桀，则人纪不可修，天地不可立，而道之废亦已久矣。天地而可架漏过时，则块然一物也；人心而可牵补度日，则半死半活之虫也；道于何处而常不息哉？惟圣为能尽伦，自余于伦有不尽，而非尽欺人以为伦也。惟王为能尽制，自余于制有不尽，而非尽罔世以为制也。欺人者人常欺之，罔世者人常罔之，乌有欺罔而可以得人长世者乎？"不失其驰，舍矢如破"，君子不必于得禽也，而非恶于得禽也。范我驰驱而能发必命中者，君子之射也，岂有持弓矢审固而甘心于空返者乎？御者以正，而射者以手亲眼便为能，则两不相值，而终日不获一矣；射者以手亲眼便为能，而御者委曲驰骤以从之，则一朝而获十矣。非正御之不获一，射者之不以正也。以正御逢正射，则不失其驰而舍矢如破，何往而不中哉。孟子之论，不明久矣，往往返为迂阔不切事情者之地。亮非喜汉、唐获禽之多也，正欲论当时御者之有罪耳。高祖、太宗，本君子之射也，惟御者之不纯乎正，故其射一出一入，而终归于禁暴戢乱、爱人利物而不可掩者，其本领宏大开廓故也。故亮尝有言："三章之约，非萧、曹之所能教；而定天下之乱，又岂刘文靖之所能发哉"。此儒者之所谓见赤子入井之心也。其本领开廓，故其发处便可以震动一世，不止如赤子入井时微妙不易扩耳。至于以位为乐，其情犹可以察者，不得其位则此心何所从发于仁政哉？以天下为己物，其情犹可察者，不总之于一家，则人心何所底止？自三代圣人固已不讳其为家天下矣。天下大物也。不是本领宏阔，如何担当开廓得去，惟其事变万状，而真心易以汩没，到得失枝落节处，其皎然者终不可诬耳。高祖、太宗及皇家太祖，盖天地赖以常运而不息，人纪赖以接续而不坠，而谓道之存亡非人之所能预，则过矣。汉唐之贤君果无一毫气力，则所谓卓然不泯灭者果何物耶？道非赖人以存，则释氏所谓千劫万劫者，是真有之矣。此论正在毫厘分寸处较得失。而心之本体，实非斗饤凑合以成,此大圣人所以独运天下者,非小夫学者之所能知。使两程而在,犹当正色明辨。比见秘书与叔昌、子约书,乃言"诸贤死后,议论蜂起",有独力不能支之意。伯恭晓人也,自其在时固已知之矣。

天地人为三才,人生只是要做个人。圣人,人之极则也,如圣人方是成人,故告子路者则曰"亦可以为成人",来谕谓"非成人之至",诚是也。谓之圣人者,于人中为圣;谓之大人者,于人中为大;才立个儒者名字,固有该不尽之处矣。学者所以学为人也,而岂必其儒哉。子夏、子张、子游皆所谓儒者也,学之不至则荀卿有某氏贱儒之说,而不及其他;《论语》一书只告子夏以"女为君子儒",其他亦未之闻也。则亮之说亦不为无据矣。

管仲尽合有商量处,其见笑于儒家亦多,毕竟总其大体却是个"人",当得世界轻重有无,故孔子曰"人也"。亮之不肖,于今世儒者无能为役,其不足论甚矣,然亦自要做个人,非专徇管、萧以下规摹也。正欲搅金、银、铜、铁熔作一器,要以适用为主耳。亦非专为汉、唐分疏也,正欲明天地常运、而人为常不息,要不可以架漏牵补度时日耳。

夫说话之重轻,亦系其人。以秘书重德,为一世所宗仰,一言之出,人谁敢非?以亮之不肖,虽孔子亲授以其说,才过亮口,则弱者疑之,强者斥之矣。愿秘书平心以听,惟理之从,尽洗天下之横竖高下、清浊白黑,一归之正道,无使天地有弃物、四时有剩运、人心或可欺而千四五百年之君子皆可盖也。

故亮尝以为得不传之绝学者,皆耳目不洪,见闻不惯之辞也。人只是这个人,气只是这个气,才只是这个才,譬之金、银、铜、铁,只是金、银、铜、铁,炼有多少则器有精粗,岂其于本质之外换出一般以为绝世之美器哉。故浩然之气,百炼之血气也,使世人争骛高远以求之,东扶西倒而卒不着实而适用,则诸儒之所以引之者亦过矣。

亮方治少屋宇,更无举头工夫,而新妇急欲为其父遣人,仓卒具此,又未能究所怀,秘书必未肯遽以为然,更三五往复则其论定矣。亮亦不敢自以为是也,秘书无惜极力铺张以见教。论不到底则彼此终有不尽之情耳。

这里仍然是引申并坚持前此一信中的各项道理,话语却说得更激昂愤慨一些了。他愤慨到说出了"说话重轻亦系其人"一段,在这段话的背后,就可看到陈氏的委屈和沉痛。

陈氏料定朱氏必不肯遽以此书为然,朱氏是果然不以为然的。当这答书送达朱氏处时,朱氏正害着眼疾,书写不便,他便只简短地答覆了几件零星事体,对于陈氏这王霸义利的见解,则口授其子,用别纸作了极长的驳覆:

来教累纸,纵横奇伟,神怪百出,不可正视,虽使孟子复生,亦无所容其喙,况于愚昧寒劣,又老兄所谓贱儒者,复安能措一词于其间哉。然于鄙意实有所未安者,不敢雷同曲相阿徇,请复陈其一二,而明者听之也:

来教云云,其说虽多,然其大概不过推尊汉、唐,以为与三代不异;贬抑三代,以为与汉、唐不殊。而其所以为说者,则不过以为古今异宜,圣贤之事不可尽以为法,但有救时之志,除乱之功,则其所为虽不尽合义理,亦自不妨为一世英雄。然又不肯说此不是义理,故又须说天地人并立为三,不应天地独运而人为有息,今既天地常存,即是汉唐之世只消如此已能做得人底事业,而天地有所赖以至今。其前后反覆,虽缕缕多端,要皆以证成此说而已。若熹之愚,则其所见固不能不与此异,然于其间又有不能不同者。今请因其所同而核其所异，则夫毫厘之差、千里之谬，将有可得而言者矣。

来书"心无常泯，法无常废"一段，乃一书之关键，鄙意所同未有多余此段者也，而其所异亦未有甚于此段者也。盖有是人则有是心，有是心则有是法，固无常泯常废之理；但谓之"无常泯"，即是有时而泯矣；谓之"无常废"，即是有时而废矣。盖天理人欲之并行，其或断或续，固宜如此；至若论其本然之妙，则惟有天理而无人欲，是以圣人之教人，必欲其尽去人欲而复全天理也。若心，则欲其常不泯，而不恃其不常泯也；法，则欲其常不废，而不恃其不常废也。所谓"人心惟危，道心惟微，惟精惟一，允执厥中"者，尧、舜、禹相传之密旨也。夫人自有生而梏于形体之私，则固不能无人心矣；然而必有得于天理之正，则又不能无道心矣。日用之间，二者并行，迭为胜负，而一身之是非得失，天下之治乱安危，莫不系焉。是以欲其择之精，而不使人心得以杂乎道心；欲其守之一，而不使天理得以流于人欲；则凡其所行，无一事之不得其中，而于天下国家无所处而不当。夫岂任人心之自危，而以有时而泯者为当然；任道心之自微，而幸其须臾之不常泯也哉。

夫尧、舜、禹之所以相传者，既如此矣；至于汤武，则闻而知之，而又反之，以至于此者也，夫子之所以传之颜渊、曾参者此也，曾子之所以传之子思、孟轲者亦此也。故其言曰："一日克己复礼，天下归仁焉"。又曰："吾道一以贯之"。又曰："道不可须臾离也，可离非道也。是故君子戒慎乎其所不睹，恐惧乎其所不闻"。又曰："其为气也，至大至刚，以直养而无害，则塞于天地之间"。此其相传之妙，儒者相与谨守而共学焉。以为天下虽大，而所以治之者不外乎此。然自孟子既没，而世不复知有此学，一时英雄豪杰之士，或以资质之美，计虑之精，一言一行偶合于道者，盖亦有之，而其所以为之田地根本者，则固未免乎利欲之私也。而世之学者，稍有才气便自不肯低心下意做儒家事业、圣贤功夫；又见有此一种道理，不要十分是当，不碍诸般作为，便可立大功名，取大富贵，于是心以为利，争欲慕而为之。然又不可全然不顾义理，便于此等去处指其须臾之间偶未泯灭底道理，以为只此便可与尧舜三代比隆，而不察其所以为之田地本根者之无有是处也。

夫三才之所以为三才者，固未尝有二道也。然天地无心而人有欲，是以天地之运行无穷，而在人者有时而不相似。盖义理之心顷刻不存则人道息，人道息则天地之用虽未尝已，而其在我者则固即此而不行矣。不可但见其穹然者常运乎上，颓然者常在乎下，便以为人道无时不立，而天地赖之以存之验也。

夫谓道之存亡在人而不可舍人以为道者，正以道未尝亡，而人之所以体之者有至有不至耳。非谓苟有是身则道自存，必无是身然后道乃亡也。天下固不能人人为尧，然必尧之道行，然后人纪可修，天地可立也。天下固不能人人皆桀，然亦不必人人皆桀而后人纪不可修，天地不可立也。但主张此道之人，一念之间不似尧而似桀，即此一念之间便是架漏度日，牵补过时矣。且曰"心不常泯而未免有时之或泯"，则又岂非所谓半生半死之虫哉。盖道未尝息而人自息之，所谓"非道亡也，幽厉不由也"，正谓此耳。

惟圣尽伦，惟王尽制，固非常人所及，然立心之本当以尽者为法，而不当以不尽者为准，故曰："不以舜之所以事尧事君，不敬其君者也；不以尧之所以治民治民，贼其民者也"，而况谓其非尽欺人以为伦，非尽罔世以为制，是则虽以来书之辨，固不谓其绝无欺人罔世之心矣。欺人者人亦欺之，罔人者人亦恶之，此汉唐之制所以虽极其盛，而人不心服，终不能无愧于三代之盛时也。

夫人只是这个人，道只是这个道，岂有三代、汉、唐之别；但以儒者之学不传，而尧、舜、禹、汤、文、武以来转相授受之心不明于天下，故汉、唐之君虽或不能无暗合之时，而其全体却只在利欲上，此其所以尧、舜、三代自尧、舜、三代，汉祖、唐宗自汉祖、唐宗，终不能合而为一也。今若必欲撤去限隔，无古无今，则莫若深考尧、舜相传之心法，汤、武反之之功夫，以为准则而求诸身，却就汉祖、唐宗心术微处痛加绳削，取其偶合而察其所自来，黜其悖戾而究其所从起。庶几天地之常经、古今之通义，有以得之于我；不当坐谈既往之迹，追饰已然之非，便指其偶同者以为全体，而谓其真不异于古之圣贤也。

且如约法三章固善矣，而卒不能除三族之令，一时功臣无不夷灭。除乱之志固善矣，而不免窃取宫人私侍其父，其他乱伦逆理之事往往皆身犯之。盖举其始终而言，其合于义理者常少，而其不合者常多；合于义理者常小，而不合者常大。但后之观者，于此根本功夫自有欠阙，故不知其非而以为无害于理，抑或以为虽害于理而不害其获禽之多也。

观其所谓学成人而不必于儒，搅金、银、铜、铁为一器而主于适用，则亦可见其立心之本在于功利，有非辨说所能文者矣。夫成人之道，以儒者之学求之，则夫子所谓成人也；不以儒者之学求之，则吾恐其畔弃绳墨，脱略规矩，进不得为君子，退不得为小人，正如搅金、银、铜、铁为一器，不惟坏却金银，而铜铁亦不得尽其铜铁之用也。荀卿固讥游夏之贱儒矣，不以大儒目周公乎？孔子固称管仲之功矣，不曰小器而不知礼乎？"人也"之说，古注得之，若管仲为当得一个人，则是以子产之徒为当不得一个人矣。圣人词气之际不应如此之粗厉而鄙也。

其他琐屑不能尽究。但不传之绝学一事，却恐更须讨论，方见得从上诸圣相传心法，而于后世之事有以裁之而不失其正。若不见得，却是自家耳目不高，闻见不的。其所谓洪者乃混杂而非真洪，所谓慣者乃流徇而非真慣。窃恐后生传闻，轻相染习，使义利之别不明，舜跖之涂不判，眩流俗之观听，坏学者之心术，不唯老兄为有识者所议，而朋友亦且陷于收司连坐之法，此熹之所深忧而甚惧者，故敢极言以求定论。若犹未以为然，即不若姑置是事而且求诸身，不必徒为说说，无益于道，且使下庄子之徒得以窃笑于旁而阴行其计也。

文字是如此其气势磅礴，道理上也有极其奥妙精微，使陈氏不能不同意，甚至不能不将已见加以改正之处，这里，自有着朱氏的权威在。然而在大体上，对于陈氏前书的内容，却尽多误解了或曲解了的地方，故虽于书末有不许陈氏再行置辨的一些话，陈氏却终不能默认这一切而表示服输。陈氏又回书云：

比者匆匆奉状，聊以致其平时所欲言者耳，非敢与长者辨，乃承谆复下谕，所宜再拜受教，而纸末之谕，尤使人恻然有感，自当一切不论，然其间亦有不可不言者：如亮之本意，岂敢求多于儒先，盖将发其所未备以窒后世英雄豪杰之口而夺之气，使知千途万辙，卒走圣人样子不得；而来谕谓亮"推尊汉、唐以为与三代不异；贬抑三代以为与汉、唐不殊"，如此则不独不察其心，亦并与其言不察矣。

某大概以为三代做得尽者也，汉、唐做不到尽者也，故曰"心之用有不尽而无常泯，法之文有不备而无常废"。惟其做得尽，故当其盛时，三光全而寒暑平，无一物之不得其生，无一人之不遂其性；惟其做不到尽，故虽其盛时，三光明矣而不保其常全，寒暑运矣而不保其常平，物得其生，而亦有时而夭阏者，人遂其性，而亦有时而乖戾者。本末感应，只是一理。使其田地根本无有是处，安得有来谕之所谓小康者乎？只曰获禽之多而不曰随种而收，恐未免于偏矣。

孔子之称管仲曰："桓公九合诸侯，不以兵车，管仲之力也。如其仁，如其仁"。又曰："一匡天下，民到于今受其赐，微管仲吾其被发左衽矣"。说者以为孔氏之门五尺童子皆羞称五伯，孟子力论伯者以力假仁，而夫子称之如此，所谓"如其仁"者，盖曰"似之而非也"，观其语脉，决不如说者所云。故伊川所谓"如其仁者，称其有仁之功用也"。仁人明其道不计其功，夫子亦计人之功乎？若如伊川所云，则亦近于来谕所谓喜获禽之多矣。功用与心不相应，则伊川所论"心迹元不曾判"者，今亦有时而判乎？圣人之于天下，大其眼以观之，平其心以参酌之，不使当道有弃物而道旁有不厌于心者。九转丹砂，点铁成金，不应学力到后反以银为铁也。前书所谓搅金、银、铜、铁熔作一器者，盖措辞之失耳。新妇急欲为其父遣人，一夕伸纸引笔而书，夜未半而书成，不能一一尽较语言，亦望秘书察其大意耳。

王通有言："皇坟帝典，吾不得而识矣，不以三代之法统天下，终危邦也。如不得已，其两汉之制乎。不以两汉之制辅天下者，诚乱也已"，仲淹取其以仁义公恕统天下，而秘书必谓其假仁借义以行之。心有时而泯可也，而谓千五百年常泯可乎？法有时而废可也，而谓千五百年常废可乎？至于"全体只在利欲上"之语，窃恐待汉、唐之君太浅狭，而世之君子有不厌于心者矣。

匡章通国皆称其不孝，而孟子独礼貌之者，眼目既高，于驳杂中有以得其真心故也。波流犇迸，利欲万端，宛转于其中而能察其真心之所在者，此君子之道所以为可贵耳。若于万虑不作，全体洁白，而曰真心在焉者，此始学之事耳。一生辛勤于尧舜相传之心法，不能点铁成金而不免以银为铁，使千五百年之间成一大空阙，人道泯息而不害天地之常运，而我独卓然而有见，无乃甚高而孤乎？宜亮之不能心服也。

来书所谓"天地无心而人有欲，是以天地之运行无穷，而在人者有时而不相似"，又谓"心则欲其常不泯，而不恃其不常泯；法则欲其常不废，而不恃其不常废"，此明言也；而谓"指其须臾之间偶未泯灭底道理，以为只此便可与尧舜三代并隆，而不察其所以为之田地根本无有是处"者，不知高祖、太宗何以自别于魏宋二武哉。

来书又谓"立心之本当以尽者为法，不当以不尽者为准"，此亦明言也；而谓汉、唐不无愧于三代之盛时，便以为欺罔者，不知千五百年之间，以何为真心乎。

亮辈根本工夫自有欠阙，来谕诚不诬矣；至于畔去绳墨、脱略规矩，无乃通国皆称其不孝，而因谓之不孝乎。此夷齐所以蒙头塞眼，柳下惠所以降志辱身，不敢望一人之或知者，非敢以浅待人也，势当如此耳。亮不敢有望于一世之儒先，所深恨者，言以人而废，道以人而屈，使后世之君子不免哭途穷于千五百年之间，亮虽死而目不瞑矣。……

心之所欲言者甚多，来戒之及，过是决不敢更有所言。但所谓不传绝学更须讨论者，恐犹如俗谚所谓"千钱药却在笆篱边"耳。……

这气势也并不显得稍弱，在说定要"姑置是事"的朱氏，也就不能不再把辩论继续下去了，于是又答书云：

示谕缕缕，备悉雅意。然区区鄙见，常窃以为亘古亘今只是一体，顺之者成，逆之者败，固非古之圣贤所能独然，而后世之所谓英雄豪杰者亦未有能舍此理而得有所建立成就者也。但古之圣贤，从根本上便有惟精惟一功夫，所以能执其中，彻头彻尾无不尽善；后来所谓英雄，则未尝有此功夫，但在利欲场中头出头没，其资美者乃能有所暗合，而随其分数之多少以有所立，然其或中或否，不能尽善，则一而已。来谕所谓三代做得尽，汉唐做不得尽者，正谓此也。然但论其尽与不尽，而不论其所以尽与不尽，却将圣人事业去就利欲场中比并较量，见得仿佛相似，便谓圣人样子不过如此，则所谓毫厘之差、千里之谬者，其在此矣。

且如管仲之功，伊、吕以下谁能及之，但其心乃利欲之心，迹乃利欲之迹，是以圣人虽称其功，而孟子、董子皆秉法义以裁之，不稍假借。盖圣人之目固大，心固平，然于本根亲切之地，天理人欲之分，则有毫厘必计，丝发不差者。此在后之贤所以密传谨守以待后来，惟恐其一旦舍吾道义之正以徇彼利欲之私也。今不讲此，而遽欲大其目，平其心，以断千古之是非，宜其指铁为金，认贼为子，而不自知其非也。

若夫点铁成金之譬，施之有教无类，迁善改过之事则可；至于古人已往之迹，则其为金为铁固有定形，而非后人口舌议论所能改易久矣。今乃欲追点功利之铁以成道义之金，不惟费却闲心力，无补于既往；正恐碍却正知见，有害于方来也。若谓汉、唐以下便是真金，则固无待于点化，而其实又有大不然者。盖圣人者金中之金也，学圣人而不至者，金中犹有铁也。汉祖、唐宗用心行事之合理者，铁中之金也；曹操、刘裕之徒则铁而已矣。夫金中之金乃天命之固然，非由外铄，淘择不净，犹有可憾，今乃无故必欲舍弃自家光明宝藏，而奔走道路，向铁炉边查矿中拨取零金，不亦误乎。

帝王本无异道，王通分作两三等，已非知道之言。且其为道，行之则是，今莫之御而不为，乃谓不得已而用两汉之制，此皆卑陋之说，不足援以为据。若果见得不传底绝学，自无此蔽矣。今日许多闲议论，皆原于此学之不明，故乃以为苞篱边物而不之省，其为唤银作铁亦已甚矣。

来谕又谓："凡所以为此论者正欲发儒者之所未备，以塞后世英雄之口而夺之气，使知千途万辙，卒走圣人样子不得。"以愚观之，正恐不须如此费力，但要自家见得道理分明，守得正当，后世到此地者自然若合符节，不假言传，其不到者又何足与之争耶？况此等议论正是推波助澜，纵风止燎，使彼益轻圣贤而愈无忌惮，又何足以闭其口而夺其气乎？

熹前月初间略入城，归来还了几处人事，遂入武夷，昨日方归，冗甚倦甚，目亦大昏，作字极艰，草草布此，语言粗率，不容持择，千万勿过，其间亦有琐细曲折，不暇尽辨，然明者读之，固必有以深得其心，不待其词之悉矣。……

陈氏待至朱氏寿辰将届之日，又特别派人送去寿词一阕、香两片、川笔十枝、川墨一挺、樗蒲一缣、雪梨石榴四十颗，不废其一向的一份礼意。对朱氏此书也予以答复：

春夏之交，辱报翰甚悉。所以劳长者之心力而费其言语者亦不少矣。惶恐不可言。……

亮自去载两遭大变之后，意绪日以颓堕，须鬓已种种矣。所幸碗饭粗足，可免营求。若得萧散十年，高床大枕而死，夫复何憾。惜其胸中之区区不能自明于长者之前，人微言轻，不为一世所察，秘书虽察之而不详，多言又非所以相浼渎，抱此不满，秘书谓其亦何所乐也。

亮大意以为本领阔阔，工夫至到，便做得三代；有本领，无工夫，只做得汉唐。而秘书必谓汉唐并无些子本领，只是头出头没，偶有暗合处，便得功业成就，其实则是利欲场中走。使二千年之英雄豪杰不得近圣人之光，犹是小事；而向来儒者所谓只这些子殄灭不得，秘书便以为好说话无病痛乎？

来书所谓自家光明宝藏者，语虽出于释氏，然亦异于"这些子"之论矣。天地之间，何物非道，赫日当空，处处光明，闭眼之人，开眼即是，岂举世皆盲便不可与共此光明乎。眼盲者摸索得着，故谓之暗合，不应二千年之间有眼皆盲也。亮以为后世豪杰英雄之尤者，眼光如黑漆，有时闭眼胡做，遂为圣门之罪人；及其开眼运用，无往而非赫日之光明。天地赖以撑拄，人物赖以生育。今指其闭眼胡做时便以为盲，无一分眼光；指其开眼运用时，只以为偶合，其实不离于盲。嗟乎，冤哉！彼直闭眼耳，眼光未尝不如黑漆也。一念足以周天下者，岂非其眼光固如黑漆乎。天下之盲者能几，赫日光明，未尝不与有眼者共之，利欲汩之则闭，心平气定，虽平平眼亦会开得。况夫光如黑漆者，开则其正也，闭则霎时浮翳耳。仰首信眉，何处不是光明？使孔子在时，必持出其光明以附于长长开眼者之后，则其利欲一时浼世界者，如浮翳尽洗而去之，天地清明，赫日长在，不亦恢廓洒落，闳大而端正乎？今不欲天地清明，赫日长在，只是这些子殄灭不得者便以为古今秘宝；因吾眼之偶开便以为得不传之绝学；三三两两，附耳而语，有同告密；画界而立，一似结坛；尽绝一世之人于门外，而谓二千年之君子皆盲眼不可点洗，二千年之天地日月若有若无；世界皆是利欲，斯道之不绝者仅如缕耳。此英雄豪杰所以自绝于门外，以为立功建业别是法门，这些好说话且与留着妆景足矣。若知开眼即是个中人，安得撰到此地位乎？

　　　　秘书以为三代以前都无利欲，都无要富贵底人。今诗书载得如此净洁，只此是正大本子。亮以为才有人心便有许多不净洁，革道止于革面，亦有不尽概圣人之心者。圣贤建立于前，后嗣庇承于后，又经孔子一洗，故得如此净洁，秘书亦何忍见二千年间世界涂涴，而光明宝藏独数儒者自得之，更待其有时而若合符节乎。迁善改过，圣人必欲其到底而后止，若随分点化，是不以人待之也。点铁成金，正欲秘书诸人相与洗净二千年世界，使光明宝藏长长发见，不是只靠"这些子"，以幸其不绝，又诬其如缕也。最可惜许多眼光抹漆者尽指之为盲人，而一世之自号开眼者，正使眼中无翳，眼光亦三平二满，元靠不得，亦何力使得天地清明，赫日长在乎。

　　　　亮之说话，一时看得极突兀，原始要终，终是易不得耳。秘书莫把做亮说话看，且做百行俱足人忽如此说，秘书终不成尽弃置不以入思虑也。亮本不敢望有合，且欲因此一发以待后来云云。

说来说去，两方面还都在各是其所是，不肯稍微牺牲自己的立场以谋一折衷之道，则这场争辨不论继续到几时也不会得到个双方所共同认可的道理来，已经是明明白白的事了。朱氏本早想结束了这争辨的，到这时他更觉得继续讨论之毫无意义，于是就只写了一封简短的答书：

　　　　诲谕缕缕，甚荷不鄙。但区区愚见，前书固已尽之矣。细读来谕，愈觉费力，正如孙子荆"洗耳""砺齿"之云，非不雄辨敏捷，然枕流漱石，终是不可行也。已往是非，不足深较，如今日计，但当穷理修身，学取圣贤事业，使穷而有以独善其身，达而有以兼善天下，则庶几不枉为一世人耳。

这简短的答复，多多少少也含有一些鄙夷的意态，陈氏到此不好再不识趣，便于次年秋季，又是朱氏的寿辰之前，特派专人送去寿词、苏笺、蜀锦、雪梨、甜榴等物，并一封极其委婉的答书：

……向来往还数书，非敢与门下争辩，聊以明不敢自屈其说以自附和。以亮之畸穷不肖，本应得罪于一世大贤君子，秘书独怜其穷，不忍弃绝之，亮亦因不敢自外于门下尔。世以相附和为党而欲加之罪者，非也。

此数书亦欲为免死之计，见世之有力者亦使一读之，而秀才们见其怪甚，相与传说流布，非有意流传之也。

亮平生不曾会与人讲论，独伯恭于空闲时喜相往复，亮亦感其相知，不知其言语之尽。伯恭既死，此事尽废。子约、叔昌卒岁一番相见，不过寒温常谈，而安得有所谓讲切者哉。来书问有何讲论者，犹以亮为喜与人语乎？兼之浙间议论，自始至末，亮并不晓一句。

道之在天下，至公而已矣，屈曲琐碎皆私意也。天下之情伪岂一人之智虑所能尽防哉，就能防之，亦非圣人所愿为也。《礼》曰："人藏其心，不可测度也，美恶皆在其心，不见其色也，欲一以穷之，舍礼何以哉"。惟其止于理，则彼此皆可知尔，若各用其智，则迭相上下而岂有穷乎。圣人之于天下，时行而已矣，逆计预防，皆私意也，天运之无穷，岂一人之私智所能曲周哉。就能周之，亦非圣人之所愿为也。《易》有太极而生两仪，两仪生四象，四象生八卦，八卦定吉凶，吉凶生大业，故圣人先天而天弗违，后天以奉天时。先天者所以开此理也，岂逆计预防之云乎。世疑《周礼》为六国阴谋之书，不知汉儒说《周礼》之过尔，非周公之本旨也。老庄之所以深诮孔子者，岂非欲以一人之智虑而周天下乎，不知其本于至公而时行也。

> 秘书之学，至公而时行之学也。秘书之为人，扫尽情伪而一于至公者也。世儒之论，皆有官不容针私通车马之意，皆亮之所不晓，故独归心于门下者，直以此耳。有公则无私，私则不复有公，王霸可以杂用，则天理人欲可以并行矣。亮所以为缕缕者，不欲更添一条路，所以开拓大中，张皇幽眇，而助秘书之正学也，岂好为异说而求出于秘书之外乎。不察其心则今可止矣。
>
> 比见陈一之国录，说张体仁太博为门下士，每读亮与门下书则怒发冲冠，以为异说，每见亮来则以为怪人，辄舍去不与共坐。由此言之，此数书未能免罪于世俗，而得罪于门下士多矣。不止，则楚人又将钳我于市。进退维谷，可以一笑也。……

此后，朱氏于答书中再不提及此事，这一场辩论到此算完全结束了。

在这场辩论当中，在朱陈两方，也都还有些随声佐斗的人。其超然于两方之外而对此事曾作过一些持平之论的，只有陈君举一人。当陈氏把他与朱氏往复的书信抄与陈傅良去看时，后者即复书作了如下的一段批评：

> 某寻常人耳，蒙老兄拈掇最早，而晚又为正则推作前辈行。此二三年间虽不向进，而交游殊未散落，皆二兄之赐。独恨未及与晦菴游，讲求余论。如人一身血气偏枯，以是脉络未相贯穿。而愚见复谓千书不如一见，终当相就，不欲以纸笔呶呶其间，以辞害意，失之远矣。老兄悬度而欲附之下风，此意厚甚而不敢当也。
>
> 往还诸书，熟复数过，不知几年间更有一番如此议论，甚盛甚盛。然朱丈占得地段平正，有以逸待劳之气；老兄跳

跟号呼，拥戈直上，而无修辞之功，较是输他一着也。

以不肖者妄论：功到成处，便是有德；事到济处，便是有理；此老兄之说也。如此，则三代圣贤枉作工夫。功有适成，何必有德；事有偶济，何必有理；此朱丈之说也。如此，则汉祖、唐宗贤于盗贼不远。以三代圣贤枉作工夫，则是人力可以独运；以汉祖唐宗贤于盗贼不远，则是天命可以苟得。谓人力可以独运，其弊上无兢畏之君；谓天命可以苟得，其弊下有觊觎之臣。二君子之立论，不免于骄君乱臣之地，窃所未安也。

以兄之奇伟，适不如《乐毅论》之迂阔；朱丈之正大，适不如《王命论》之浅近。是尚为有益于训乎？

且朱丈便谓兄贬抑三代，而兄以朱丈使千五百年间成大空阔，至于其间颇近忿争，养心之平，何必及此？不得不尽情以告。然勿为晦菴言之，徒若犯分也。

陈氏对这项评论不肯接受，遂作了一封答书云：

……亮与元晦所论，本非为三代、汉、唐设，且欲以明道在天地间如明星皎月，闭眼之人开眼即是，安得有所谓暗合者乎？天理人欲，岂是同出而异用？只是情之流乃为人欲耳。人欲如何主持得世界？

亮之论乃与天地日月雪冤，而尊兄乃名以跳踉叫呼，拥戈直上，元晦之论只是与二程主张门户，而尊兄乃名之以正大，且占得地步平正，有以逸待劳之气。嗟呼冤哉。吾兄为一世儒者巨擘，其论已如此，在亮便应闭口藏舌，不复更下注脚。终念有怀不尽，非二十年相聚之本旨，聊复云云。更录元晦答书，与亮前日再与渠书，更为详复一看，莫更伸理前说。若其论终不契，自此可以一笔勾断矣。……

陈君举又来书稍加解说云：

> ……元晦往复诸书，何尝敢道老兄点当得错？只是书中词气全似衲子面棒之语，不应写在纸上，一便传十，百便传千，岂可不忍耐特择语言，却乃信手添起，后生胡乱模画，而元晦亦赶趁出了无限不恰好话。故亦为修辞之难，而辄进区区之见。老兄既叹作附势，令人不敢再三。
>
> 且汉、唐事业，若说并无分毫扶助正道，教谁肯伏？孔、孟劳忉与管仲、百里奚分疏，亦太浅矣。暗合两字，如何断人？识得三两分便有三两分功用。识得六七分便有六七分功用。却有全然识了，为作不行，放低一着之理，绝无全然不识，横作竖作，偶然撞着之理。此亦分晓，不须多论。但老兄任直，不能廉纤自占便宜，其间时有漏气言语。元晦执以见攻，盖是忠爱。然亦缘要攻老兄漏气去处，遂把话头脱体蹉过。此劣弟愚陋之见。若两家元不是如此，则是智不足以知两家耳，初非有轻重抑扬之论也。

十八　抱膝斋

蛰居于乡间的陈氏,早已着手在乡间建设他的安乐窝了。中间只有身系缧绁时曾一度停止过。出狱之后,在与朱氏笔战方酣时,也正是他经营房舍亭院最起劲的日子。

自淳熙八年(1181)的秋季起,他开始营造几间居室,并制作一些室内的陈设什物,自朝至暮,忙得连抬头的工夫几乎都没有。这情形,一直便继续到九年的夏季。

九年秋季,什物和室宇方才就绪,就又开始在这正院的南边营葺一小园,架了几处亭子,以为游赏之地。

十年的全年,只被两场祸变占据了去。从十一年起,他聚集了二三十个生徒,恢复了他的教读生涯,一方面又把中断的营建工作恢复起来,重新整治那个正院南偏的小小园圃。

这园圃的所在,就是陈氏于淳熙九年春接待朱氏的地方。在他和朱氏曾经坐谈的基地上,他横接了一间亭子,名叫"燕坐"。从此前行十步,修成柏屋三间,名叫"抱膝斋",屋前植两桧两柏,面临一小池,四周用竹子围绕着,也杂植一些梅花,两旁种一些秋香海棠之属。是要在这里抱膝长吟,终老余年了。

于抱膝斋的东侧相去五七步处,作一杉亭,颇大,名叫"小憩",三面临池,两旁植以黄菊,后植木樨八株,四黄四丹,更植一大木樨于正中。距这杉亭约十步处有一池,池上作成桥屋三间,两面皆着亮窗,名叫"舫斋"。过这池约十四五步处为一大池,面积约可三十亩,池上作赤水堂三间,又作箔水正临大池。大池之旁又一小池，小池之旁即是驿路。

去驿路百步，与赤水堂遥遥相对处，有一古松，甚大而茂，已是有着七八十年寿命的老树了，也因势利便，于其地用赤水木作一屋，名之曰"独松堂"。堂后为宇廊一间，中有大李树，两旁为小廊，分趋舫斋。小廊两旁种些桃树。为了憩息的方便，在独松堂两旁各建一小斋。小斋四周环植以竹。

杉亭所临的池子是个偃月形的，为了和它西头的抱膝斋相对称，在东头也作了六柱榧亭一间，名叫"临野"。正西岸上，地稍幽僻，作一小梓亭于其上，名叫"隐见"。更去西十步，作小书院十二间，也是前临一池，作为聚徒讲学之所。

两池之东，有田二百亩，本是陈氏先人的旧业，后来因为家况不好便典当给他人。由于几年来陈氏在家治生的结果，稍稍有了一些积蓄，这二百亩地也遂一起赎了回来。田上有小坡，陈氏也选取了其中的二十亩辟为小园，作一小亭临田，名叫"观稼"。这小坡和陈氏的居室也正遥遥相对。

在居室的东北还有二十来亩的一所园子，是专为种蔬菜、桃李之用的。

倘使此后更有余力，他还在打算在这二百亩中另辟小园一所。

当抱膝斋造成之后，叶正则为他作成《抱膝吟》两首：

其一云：

> 昔人但抱膝，将军拥和銮。徒知许国易，未信藏身难。
> 功虽愆晚岁，誉已塞世间。今人但抱膝，流俗忌长叹。
> 儒书所不传，群士欲焚删。讥诃致囚筆，一饭不得安。
> 珠玉无先容，松柏有后凋。内窥深深息，仰视冥冥翰。
> 勿要两髀消，且令四体胖。徘徊重徘徊，夜雪埋前山。

其二云：

> 音骇则难听，问骇则难答。我欲终言之，复恐来噂沓。
> 培风鹏未高，弱水海不纳。匹夫负独志，经史考离合。
> 手捵二千年，柔条起衰飒。念烈俙天回，意大须事匝。
> 偶然不施用，甘尽斋中榻。宁为楚人弓，亡矢任挽踏。
> 莫作隋侯珠，弹射坠埃埲。

陈君举也寄给他一首长诗：

> 稻粱不难谋，轩冕亦易得。胡为抱膝翁，恻恻复恻恻。
> 秋风坠碧梧，凤鸟去无迹。愁吟草际萤，儿女泪盈臆。
> 忽然一长啸，孤响起空寂。令人识雅颂，一唱三叹息。
> 室庐在路旁，耕凿在民籍。行人听笑语，稚子共眠食。
> 读书果何罪，须发又半白。此意太劳劳，此身长抑抑。
> 抱膝且不可，出门更何适？但勿问门外，蓬蒿若干尺。

对于这些已完成和未完成的房舍庭院，陈氏感到异常的高兴，对于陈叶二氏寄赠的诗，他还感觉到说得未能尽畅其意，遂在和朱晦菴辨论王霸义利的书翰中，也将这前后的营造经过和园亭的部位形势等等，向朱氏详细陈述，且要求朱氏为作两诗并题几幅匾额：

> ……今年不免聚二三十小秀才，以教书为行户，一面治小圃，多植竹木，起数处小亭子，后年随众赴一省试，或可侥幸一名目，遮蔽其身，而后徜徉于园亭之间以待尽矣。其他当一切付之能者。暇时策杖访长者于武夷之山，尽布腹心，以求是正，留与千百年间做个话说，亦庶几不枉此一生死矣。……

叶正则为作《抱膝吟》二首，君举作一首，词语甚工，然犹说长说短，说人说我，未能尽畅抱膝之意也。同床各做梦，周公且不能学得，何必一一说到孔明哉。亮又自不会吟得，使此耿耿者无以自发。秘书高情杰句横出一世，为亮作两吟，其一为和平之音，其一为悲歌慷慨之音，使坐此屋而歌以自适，亦如常对晤也。去仆已别赍五日粮，令在彼候五七日不妨，千万便为一作，至恳至恳。……

"楼台侧畔杨花过，帘幕中间燕子飞"，可只作富贵者之事业乎？……

亮并欲求"抱膝""燕座""小憩"六大字。干冒但剧惶恐。纳纸六幅，恐不中则书室自斥写之良妙。……

亮人品庸俗，本非山水好乐，此间亦无所谓山水可乐者，且于平地妆点些子景致，所谓"随分春"者是也。……

朱氏答书却对着陈氏这副得意情态给予一些贬斥：

人至忽奉请示，获闻即日春和，尊候万福，感慰并集。且闻葺治园亭，规模甚盛，甚恨不得往同其乐而听高论之余也。

"楼台侧畔杨花过，帘幕中间燕子飞"，只是富贵者事，做沂水舞雩意思不得，亦不是躬耕陇亩，抱膝长啸底气象。却是自家此念未断，便要主张将来做一般看了。窃恐此正是病根，与平日议论同一关捩也。

二公诗皆甚高，而正则摹写尤工，卒章致意尤笃，令人叹息。所惜不曾向顶门上下一针，犹落第二义也。……

陈氏又复书加以申说：

……"楼台侧畔杨花过，帘幕中间燕子飞"，当时论者以

>为贫人安得此景致,亮今甚贫,疑此景之可致,故以为"可只作富贵者之事业?"而来谕便谓"做沂水舞雩意思不得,亦不是抱膝长啸底气象",如此则咳嗽亦不可矣。……
>
>许作《抱膝吟》,须如前书,得两篇可长讽咏者为佳,不必论到孔明抱膝长啸。各家园池自有各家景致,但要得语言气味深长耳。

朱氏把这件事与他们间的辩论搅在一起,仍是不肯应此请求,答书云:

>……《抱膝吟》亦未遑致思。兼是前论未定,恐未必能发明贤者之用心,又成虚设。若于此不疑,则前所云者便是一篇不押韵无音律底好诗,自不须更作也。

陈氏仍继续请求:

>……亮方学为治园之事,亦欲治一二亭子,力所未能者甚多,其可及者又为风撤去。洛阳亭馆是何人,吾人真瓶中见粟之人尔。
>
>连书求作《抱膝吟》,非求秘书妆撰而排连也,只欲写眼前景物,道今昔之变,一为和平之音,一为慷慨悲歌,以娱其索居野处耳。信手直写便自抑扬顿挫,何必过于思虑以相玩哉。去奴留待几日尽不妨,愿试作意而为之。……

朱氏依然百般推托,终于不肯照作,只复书云:

>……大风吹倒亭子,却似天公会事发。彼洛阳亭馆又何足深美也。尝论《孟子》"说大人则藐之",孟子固未尝不畏

大人，但藐其巍巍然者耳。辨得此心，即更掀却卧房亦且露地睡，似此方是真正大英雄人。然此一种英雄，却是从战战兢兢、临深履薄处做将出来，若是血气粗豪，却一点使不著也。伯恭平时亦尝说及此否？此公今日何处得来，然其于朋友不肯尽情，亦使人不能无遗恨也。

　　《抱膝吟》久做不成，盖不合先寄陈叶二诗来，田地都被占却，教人无下手处也。况今病思如此，是安能复有好语，道得老兄意中事耶？……

于是在陈氏的抱膝斋中，终于没有得到朱氏的品题。

十九　浙西之行

为实行他在致朱晦菴书中所说的那遮避身家之计,在淳熙十四年陈氏又到临安参加礼部的考试。他是一个已被解举过好几次的人了,已经取得了"免解"的资格,所以这一次他不需要再经过解试就迳自到礼部去报考了。正当开始试验的几天,他却闹起病来。勉强拖着病身子进了考院,自然打不起那份涂抹字句、修饰语言的精神来,失败自也是当然的结果。

出了考院,先派人往家中告病,两位弟弟前往钱塘江头迎接,陈氏才得被扶持着回到家里。回家后继续卧病,经月余工夫,饮食起居才得复常。

在陈氏卧病期间,他的庶弟陈明竟染病而死。

稍后,陈氏起床了,妻儿等却又更番得病。入夏之后,脚气又相缠扰。

直到这年的秋季,这份霉运才告终止。

次年,于春夏之交,陈氏离家远游京口金陵等地,是特地去实际考察这几处地方的战守形势,看看和从书本上所认取的是否相合。

在京口,他买下了一所房舍。本乡中虽然已经经营了可以安居乐业的园亭,那人事环境却未必有改善可能,小地方是终于难以容纳一个豪放之士的。京口是大都会,可以涵蕴众流,一般人见识都比较宽广些,陈氏浮沉于其间,不至引惹一些大惊小怪。现在且先买下这一幢屋宇,倘再添置得一两处芦地,他决定就要迁来这里居住，做一个不刺人眼目的人。

　　陈氏的友人章德茂（森），这时正做淮东帅，陈氏到金陵后，两人徜徉于泉石之间，流览晋宋间的遗迹，想像晋宋间人的一些图谋恢复的往事，再按之于目前局势，陈氏仍认定金陵应当作为谋兴复的基地。

　　日后如果定居在京口，只须乘一叶扁舟，金陵便可作为他日常的游赏之地了。观感所得，陈氏一并发于歌咏：

念奴娇

　　江南春色，算来是，多少胜游清赏？
　　妖冶廉纤，只做得，飞鸟向人偎傍。
　　地辟天开，精神朗慧，到底还京样。
　　人家小语，一声声近清唱。

　　因念旧日山城，个人如画，已作中州想。
　　邓禹笑人，无限也，冷落不堪惆怅。
　　秋水双明，高山一弄，著我些悲壮。
　　南徐好住，片帆有分来往。

二十　第三次上书

陈氏两次诣阙上书，不唯自身未能得到孝宗召见，其所竭力陈说的恢复大计也一直不被采纳。这原因，一方面固然是由于中枢大臣们的作梗，而另一方面，依据陈氏的推测，居住在德寿宫中的太上皇，也许有一些作用在内吧。

自隆兴中符离之役失败而后，一个本有恢复志愿的孝宗再也不肯提起恢复的事。被挫败的险局所吓倒，自不免对自身的力量估计得格外低弱，这自然是使得孝宗不得不改变其政策的重要原因之一。然而，在那次的失败之后，一向采取屈辱政策的高宗，是否曾向孝宗有过正面的规戒，因而使孝宗再也不好违背他的意志呢？即不然，是否孝宗因为悔恨自己举事之太过鲁莽以至于造成危局而无颜以对高宗，遂乃暗自体贴着高宗的意向，再也不肯作整军经武以北向中原的打算呢？

倘在这两项可能之中而有一项是料中了的，则在高宗还健在的日子，陈氏便不能希望他所建请的诸端有被采纳的可能。

淳熙十四年十月，高宗以八十一岁的高龄寿终于德寿宫中。这之后，孝宗的顾虑也许可以减少一些，得以独行其是，而能振起精神有一番作为、一番表现了吧？

高宗卒后，在宋金关系上又正发生了一项稍稍反常的事件：宋朝为了高宗的丧事，照例派遣了韦璞等人到金国去告哀。金国这时候对宋朝又颇存一些轻蔑之意，故意不把这事情看得多么隆重，仅仅派遣了一个作宣徽使的人南来吊祭，俨然是大国临问属邦的样子。这对宋朝的君臣应很能给予一些刺激,然而满朝竟至无一人议论这件事,满朝都存心隐忍这件事。

陈氏却因为看不惯,遂也忍不下。他要强调这新事件的难忍,而把南宋君臣们的恢复情绪重新鼓动起来。

在淳熙十五年的初夏,当他实地视察了京口和金陵的形势之后,归途经过临安,便停留在那里,第三次上书给孝宗皇帝。

> 臣闻有非常之人,然后可以建非常之功。求非常之功而用常才、出常计、举常事以应之者,不待智者而后知其不济也。前史有言:"非常之原,黎民惧焉。"古之英豪岂乐于惊世骇俗哉,盖不有以新天下之耳目,易斯民之志虑,则吾之所求亦泛泛焉而已耳。
>
> 皇天全付予有家,而半没于夷狄,此君天下者之所当耻也,《春秋》许九世复仇,而再世则不问,此为人后嗣者之所当愤也;中国圣贤之所建置,而悉沦于左衽,此英雄豪杰之所当同以为病也。秦桧以和误国二十余年,而天下之气索然而无余矣。陛下慨然有削平宇内之志,又二十余年而天下之士始知所向,其有功德于宗庙社稷者,非臣区区之所能诵说其万一也。
>
> 高宗皇帝春秋既高,陛下不欲大举以惊动慈颜,抑心俯首以致色养,圣孝之盛,书册之所未有也。今者高宗皇帝既已祔庙,天下之英雄豪杰皆仰首以观陛下之举动,陛下其忍使二十年间所以作天下之气者,一旦而复索然乎?
>
> 天下不可以坐取也,兵不可以常胜也,驱驰运动又非年高德尊者之所宜也。东宫居曰监国,行曰抚军,陛下近者以宅忧之故,特命东宫以监国,天下之论皆以为事有是非可否,而父子之际至难言也。东宫聪明睿知,而四十之年不必试以事也。故东宫不敢安,而陛下亦知其难矣。陛下何不于

此时命东宫为抚军大将军,岁巡建业,使之兼统诸司,尽护诸将,置长史司马以专其劳,而陛下于宅忧之余,通用人才,均调天下,以应无穷之变,此肃宗所以命广平王之故事也。兵虽未出,而圣意振动,天下之英雄豪杰靡然知所向矣。天下知所向,则吾之驰驱运动亦有所凭藉矣。

臣请为陛下论天下之形势,而后知江南之不必忧,和议之不必守,虏人之不足畏,而书生之论不足凭也:

臣闻吴会者,晋人以为不可都,而钱镠据之以抗四邻,盖自毗陵而外不能有也。其地南有浙江,西有崇山峻岭,东北则有重湖沮洳,而松江、震泽横亘其前,虽有戎马百万,何所用之?此钱镠所恃以为安,而国家六十年都之而无外忧者也。独海道可以径达吴会,而海道之险,吴儿习舟楫者之所畏,虏人能以轻师而径至乎?破人家国而止可用其轻师乎?书生以为江南不易保者,是真儿女子之论也。

臣尝疑书册不足凭,故尝一到京口、建业。登高四望,深识天地设险之意,而古今之论为未尽也。

京口连冈三面,而大江横陈,江傍极目千里,其势大略如虎之出穴,而非若穴之藏虎也。昔人以为京口酒可饮,兵可用,而北府之兵为天下雄,盖其地势当然而人善用之耳。臣虽不到采石,其地与京口股肱建业,必有据险临前之势,而非止于靳靳自守者也。天岂使南方自限于一江之表而不使与中国通而为一哉!江傍极目千里,固将使谋夫勇士得以展布四体以与中国争衡者也。韩世忠顿兵八万于山阳,如老罴之当道,而淮东赖以安寝,此守淮东之要法也。天下有变则长驱而用之耳,若一一欲堑而守之,分兵而据之,出奇设险,如兔之护窟,势分力弱,反以成戎马长驱之势耳。是以二十年间纷纷献策以劳圣虑,而卒无一成,虽成亦不足恃者,不知所以用淮东之势者也。而书生便以为长淮不易守者,是亦问道于盲之类耳。

自晋之永嘉以迄于隋之开皇,其在南则定建业为都,更六姓,而天下分裂者三百余年,南师之谋北者不知其几,北师之谋南者盖亦甚有数,而南北通和之时则绝无而仅有,未闻有如今日之岌岌然以北方为可畏,以南方为可忧,一日不和则君臣上下朝不能以谋夕也。罪在于书生之不识形势,并与夫逆顺曲直而忘之耳。

高宗皇帝于虏有父兄之仇,生不能以报之,则死必有望于子孙,何忍以升遐之哀告之仇哉! 遗留报谢,三使继遣,金帛宝货,千两连发,而虏人仅以一使,如临小邦。闻诸道路,哀祭之辞,寂寥简慢,义士仁人,痛切心骨,岂以陛下之圣明智勇而能忍之乎,意者执事之臣,忧畏万端,有以误陛下也。

南方之红女,积尺寸之功于机杼,岁以输虏人,固已不胜其痛矣。金宝之出于山泽者有限,而输诸虏人者无穷,十数年后岂不遂就尽哉。陛下何不翻然思首足之倒置,寻即位之初心,大泄而一用之,以与天下更始乎! 未闻以数千里之地而畏人者也。

刘渊、石勒、石虎、苻坚皆夷虏之雄,曾不能以终其世,而阿骨打之兴于今近八十年,中原涂炭又六十年矣,父子相夷之祸具在眼中,而方畏其为南方之患,岂不误哉。

陛下倘以大义为当正,抚军之言为可行,则当先经理建业,而后使临之。今之建业,非昔之建业也。臣尝登石头、钟阜而望,今城直在沙嘴之傍耳。钟阜之支陇隐隐而下,今行宫据其平处以临城市,城之前则逼山而斗绝焉。此必后世之读山经而相宅者之所定,江南李氏之所为,非有据高临下以乘王气而用之意也。本朝以至仁平天下,不恃险以为固,而与天下共守之,故因而不废耳。臣尝问之钟阜之僧,亦能言台城在钟阜之侧,大司马门适当在今马军新营之傍耳。其地据高临下，东环平冈以为固，西城石头以为重，带玄武湖以为险，拥秦淮青溪以为阻，是以王气可乘而运动如意，若如今城，则费侯景数日之力耳。曹彬之登长干，兀术之上雨花台，皆俯瞰城市，虽一飞鸟不能逃也。臣又尝问之守臣，以为今城不必改作，若上有北方之志，则此直寄路焉耳。臣疑其言虽大，而实未切也。据其地而命将出师以谋中国，不使之乘王气而有为，虽省目前经营之劳，乌知其异日不垂得而复失哉。

纵今岁未为北举之谋，而为经理建业之计，以震动天下而与虏绝，陛下即位之初志亦庶几于少伸矣。第非常之事非可与常人谋也。

陛下即位之初，喜怒哀乐，是非好恶，皎然如日月之在天，雷动风行，天下方如草之偃。惟其或失之太快，故书生得拘文执法以议其后，而其真有志者，私自奋励以求称圣意之所在，则陛下或未之知也。陛下见天下之士皆不足以望清光，而书生拘文执法之说往往有验，而圣意亦少衰矣。故大事必集议，除授必资格，才者以跅弛而弃，不才者以平稳而用，正言以迂阔而废，巽言以软美而入，奇论指为横议，庸论谓有典则。陛下以雄心英略，委曲上下于其间，机会在前而不敢为翻然之喜，隐忍事仇而不敢奋赫斯之怒，朝得一才士而暮以当路不便而逐，心知为庸人而外以人言不至而留，泯其喜怒哀乐，杂其是非好恶，而用依违以为仁，戒喻以为义，牢笼以为礼，关防以为智。陛下聪明自天，英武盖世，而何事出此哉。天下非有豪猾不可制之奸，虏人非有方兴未艾之势，而何必用此哉。

夫喜怒哀乐爱恶，人主之所以鼓动天下而用之之具也。而皇极之所谓无作者，不使加私意于其间耳，岂欲如老庄所谓槁木死灰，与天下为婴儿，而后为至治之极哉。

陛下二十七年之间，遵养时晦，示天下以乐其有亲，而天下归其孝；行三年之丧，一诚不变，示天下以哀而从礼，而天下服其义。陛下以一身之哀乐而鼓天下以从之，其验如影响矣。乙巳、丙午之间，虏人非无变故，而陛下不独不形诸喜，而亦不泄诸机密之臣；近者非常之变，虏人略于奉慰，而陛下不独不形诸怒，而亦不密其简慢之文。陛下不以喜示天下，而天下恶知机会之可乘？陛下不以怒示天下，而天下恶知仇敌之不可安？弃其喜怒以动天下之机，而欲事功之自成，是闭目而欲行也。

小臣之得对，陛下有卓然知其才者；外臣之奉公，陛下有隐然念其忠者；而已用者旋去，既去者无路以自进，是陛下不得而示天下以爱也。大臣之弄权，陛下既知其有塞路者；议人之多私，陛下既知其有周我者；而去之惟恐伤其意，发之惟恐其怅恨而不满，是陛下不得而示天下以恶也。陛下翻然思即位之初心，岂知其今日至此乎！臣犹为陛下怅念于既往，而天生英雄岂使其终老于不济乎！长江大河，一泻千里，苟得非常之人以共之，则电扫六合非难致之事也。

本朝以儒道治天下，以格律守天下，而天下之人知经义之为常程，科举之为正路，法不得自议其私，人不得自用其智，而二百年之太平由此而出也。至于艰难变故之际，书生之智，知议论之当正而不知事功之为何物，知节义之当守而不知形势之为何用；宛转于文法之中，而无一人能自拔者。陛下虽欲得非常之人以共斯世，而天下其谁肯信乎？

臣于戊戌之春，正月丁巳，尝极论宗庙社稷大计，陛下亦慨然有感于其言，而卒不得一望清光以布露其区区之诚，非廷臣之尽皆见恶，亦其势然耳。臣今者非以其言之小验而再冒万死以自陈，实以宗庙社稷之大计，不得不决于斯时也。陛下用其喜怒哀乐爱恶之权以鼓动天下，使如臣者得借方寸之地以终前书之所言，而附寸名于竹帛之间，不使邓禹笑人寂寂，而陛下得以发其雄心英略以与四海才臣智士共之。天生英雄殆不偶然，而帝王自有真，非区区小智所可附会也。干冒天威，罪当万死。

这封奏书虽是在陈氏的种种考虑之下，认为很适时地奏进的，然而陈氏却忽略了极重要的一点：这一年，孝宗已是六十二岁了，做过了二十五六年的皇帝，他已经有些倦勤，并已决意要传位给他的儿子了。陈氏在奏书中所说的这一切，不论其就时势说是如何一种切实可用之谋，从孝宗看来，却已经不再和他相干了，因而这次更是石沉大海一般，丝毫没有得到回响。

二十一　鹅湖之会

宋高宗绍兴三十一年（1161），金国的皇帝完颜亮率众数十万大举侵宋。中原豪杰趁着金国国内空虚的机会群起举义，其中以山东人耿京的势力为最大，众至二十五万，占据了东平府，自称为天平节度使，节制山东河北忠义军马。这时候有一个颇负文名的济南少年，年纪才二十一二岁，也鸠集了两千来人，归属于耿京，耿京用这少年掌管节度使司的文书事项，这少年便趁这机会劝说耿京决策南归于宋。后来，这事情刚由这少年和别些人亲到建康面见宋高宗接洽妥当，耿京却为他的部将张安国所杀而去投降了金人。这少年返回山东得悉此变，遂即约同了几个人径趋金营，其时张安国正与金将酣饮，乃即众中缚之而驰，同时且率领了耿京的旧部七八千人，一同间关南下，献俘于宋，且即归附于宋。

这少年的名字叫辛弃疾，字幼安。后来又号称稼轩。

辛氏归宋后的最初十几年，历任签判、通判、知州、安抚使参议官，仓部郎官等职，在其时都是些不甚被重视的职务，孝宗淳熙二年（1175），茶寇赖文政转徙于湖南、江西一带，官兵数为所败，辛氏便以丞相叶衡之荐出任江西提点刑狱，使节制诸军讨贼，到任不三月即将赖文政擒获，表现了超凡出众的才能。自此时起，至淳熙八年冬季止，除曾一度任大理少卿外，凡三分帅阃，三驾使轺。帅湖南时所创立的飞虎军，二次帅江西时所施行的救荒事业，都表现了一种卓绝的干略。淳熙八年冬季，他二次莅江西帅任还不满一年，谏官王蔺却检举他在湖南帅任的旧事，说他"用钱如泥沙，杀人如草芥"，上章论列了他。恰巧辛氏在这一年已在江西上饶县的灵山隈建造了一所居第，他于被劾罢官后便隐居于这居第之内。

辛氏最爱好填词，自从归宋以来，游宦各地，到处和同僚以及当地的士大夫们以词相唱和。他的词，倜傥豪爽，慷慨英烈，一如他的为人，在一时的词坛中成为极独特的一派，使一般词客都无法与之比肩相抗，因而凡有所作必脍炙人口，所享受的词名竟凌驾于他那份事功成就之上。

这样一个卓荦奇伟、疏通明达之士，求之于古，便是诸葛孔明、周公瑾、羊叔子之流亚。这自然很值得陈氏倾慕。于是在不知从什么时候起，两人果然成为相识了。

在淳熙五年辛氏作大理少卿时，两人曾在临安有过几次快活的聚会，以后的四五年，辛氏宦游湖赣之间，继即定居上饶，便再无缘相值。淳熙十年，陈氏时常感到家居无聊，很想到江西，也顺便到福建，去一会带湖上的辛氏和武夷山中的朱晦菴，便先于春间因便致书辛氏云：

亮空闲没可做时，每念临安相聚之适。然一别遽如许，云泥异路又如许，本不欲以书自通，非敢自外，亦其势然耳。

前年陈咏秀才强使作书，既而一朋友又强作书，皆不知达否，不但久违，无以慰相思也。

去年东阳一宗子来自玉山，具说辱见问甚详，且言欲幸临教之。孤陋日久，闻此不觉起立。虽未必真行，然此意亦非今之诸君子所能发也。感甚不可言。

即日春事强半，伏惟燕处自适，天人交相，台候万福。

亮顽钝，浸已老矣，面目稜层，气象凋落，平生所谓学者，又皆扫荡无余，但时见故旧则能大笑而已。其为无足赖，晓然甚明，真不足置齿牙者。独念世道日以艰难，识此香气者，不但人摧败之，天亦僵仆之殆尽。四海所系望者，东序惟元晦，西序唯公与子师耳。又觉戛戛然若不相入，甚思无个伯恭在中间掉就也。天地阴阳之运，阖辟往来之机，患人无毒眼精硬肩胛头耳；长江大河，一泻千里，不足多怪也。

　　前年曾访子师于和平山间，今亦甚念走上饶，因入崇安。但既作百姓，当此田蚕时节，只得那过秋杪。

　　始闻作室甚宏丽，传到上梁文，可想而知也。见元晦说曾潜入去看，以为耳目所未曾睹，此老言必不妄。去年亮亦起数间，大有鸲鹆肖鹍鹏之意，较短量长，未堪奴仆命也。

　　又闻往往寄词与钱仲耕，岂不能以一纸见分乎？

　　偶有端便，因作此问起居，且询前书达否。此使一去不回，能寻便以一二字见及，甚幸。余惟崇护茵鼎，大抵所蕴，以决天下大计为祷。

　　虽是这样地约定了，这一年的秋末，不知为了什么，却并没有真的去赣去闽。次年即接连有两次大不幸的遭遇，再次年，兴会和时间都用在修造屋宇方面。这样地延迟复延迟，直到淳熙十五年（1188）的冬季，才得偿此愿。

　　这时候辛氏又已在铅山县的东北，和上饶地界相接处的期思渡旁营建了一所新第。他就在这新第当中接待这位来自远方的友人。

　　新第的附近有一池泉水，池形如臼，清澈见底，原属于周姓人家所有，现时也被辛氏买下来了，并为它起了个名字，叫做瓢泉。

　　稍远处有一座山，山脉是从福建境界蜿蜒而来的，绵亘凡百余里，这里的主峰名叫鹅湖，是铅山境内最负盛名的山，从这山可以东望怀玉山，西瞰象山，北眺灵山，而峰顶积水成湖，是这山上的特别景致之一，也是这山被称为鹅湖的所由来。在这峰顶积水中，有许多荷花生长着，因而在古代，这山本是叫"荷湖山"的。当东晋定都于建业的时候，有雌雄双鹅飞来在这湖水中游泳，且在这里育子百数，翼而长之，等到小鹅长成，竟全体被老鹅带领着腾霄飞去，从此，"荷湖"的名称便又为"鹅湖"所代替了。这传说，不论其确实性如何，却使这山峰增加了一些神秘性，一些幽美之感。

唐代宗大历（766~779）中，有个叫做大义禅师的和尚，结庵于这鹅湖山的峰顶，后来，这庵子又从峰顶移到山下的官道之旁，师徒相继，未使毁坠。唐顺宗（805）赐名"鹅湖禅院"。宋真宗咸平（998~1003）中又赐额"慈济禅院"，景德四年（1007）复赐改"仁寿禅院"，并敕赐寺产，使这寺院一天天走向繁荣的路子。但在一般人的口中，却始终只称之为"鹅湖寺"。寺前十里苍松，参天蔽日，更把这寺院衬托得格外幽深，像煞一所琅嬛福地。孝宗淳熙二年，经过吕伯恭的居中拉拢，朱晦菴、刘子澄（清之）和陆子寿（九龄）子静（九渊）兄弟，一同到这寺院中讲论太极无极等等问题，成为当时学术思想界的一件大事。从此以后，不唯这寺院的名字格外显得响亮，实际上它也的确成为其时学术界的一个胜地了。

当陈氏到铅山的时候，辛氏正患着小病，高兴这客人的莅临，小病便算不得一回什么事，他们一同憩鹅湖之清荫，酌瓢泉而共饮，长歌互答，纵论世事。如果遇到风雪，这风雪不唯不能灭杀他们的游兴，反而更点缀了他们游赏的景物，成为日后追忆的绝好资料。

几多年来陈氏的抑郁情怀，在此时此地才算又得到一次畅快的抒泻。

在这些山水遨游中，主客二人一共畅谈了十日，中间也曾一同到过赣闽交界处的"紫溪"地方去等候朱晦菴前来相会，陈氏在入赣之前，曾特别致函与朱氏相约过，届时朱氏却没有前来。第十一日，陈氏飘然东归。

然而作主人的辛氏却还恋恋不忍即别。陈氏即行之第二日，辛氏又赶路追去，打算再和陈氏在途中盘桓些时，最好是能把他牵挽回来。赶至鹭鸶林地方，因为雪深泥滑，再也前进不得了，才怅然地停止下来，独自就饮于路旁的方村。夜半投宿于泉湖吴姓人家的四望楼，听到邻近悲鸣的笛声，想到日来游处甚欢的嘉客，便赋词一首以见意：

贺新郎

把酒长亭说。

看渊明风流酷似，卧龙诸葛。

何处飞来林间鹊？蹙踏松梢残雪。

要破帽多添华发。

剩水残山无态度，被疏梅料理成风月。

两三雁，也萧瑟。

佳人重约还轻别。

怅清江、天寒不渡，水深冰合。

路断车轮生四角，此地行人销骨。

问谁使、君来愁绝？

铸就而今相思错，料当初、费尽人间铁。

长夜笛，莫吹裂。

二十二　再系狱

几年以来,在家则有新修的园亭使陈氏享受到一些幽静的逸趣,高兴时则不论东西南北跑到千百里外去会几位友人,陈氏的生活,很显得日进于优裕之境了。间或遇到朋友间的缓急和邻里间的困难,他竟也能慷慨予以资助,这更足以说明几年来耕桑教读的结果,已使他收获到若何的成果了。

身体上所生的几次病症,思想上所受的外来的打击,应举和上书的失败,是凭藉了这份充裕的物质生活,才得一一担当了过去的。

光宗绍熙元年(1190),陈氏四十八岁,在这一年行将终结的时候,一个猛烈的风暴,又把他的平静生活卷起恶潮。

"贫贱不易居"的情况虽已被陈氏所克服,人间的怨缘,在陈氏虽也已知道如何去避免,且也的确一年少于一年了,然而人们并不全是"不念旧恶"的人,前此所结的恶缘,还有的正在那里伺机报复。一个叫吕天济的,便以这样的存心来对待陈氏。

这一年的下半年,有名叫吕兴和何廿四的两个人,不知是因为什么,在郊野里把吕天济殴打了,吕天济几乎因此送了命。他把这件事硬要向陈氏身上诬栽。

是陈亮指使他们来谋害我的。

吕天济到处向人这般声说。当他向县中去告发时,竟也这样地把陈氏列为主使人。

县令王恬相信了吕天济的话，便依他所说的呈报到浙东提刑处去。在十二月十日前后，陈氏便又被收进三衢的州狱里去了。

欲加之罪自然不患无词：本是那般贫困的家庭，何以会逐渐富裕起来呢？这其中能保没有敲诈撞骗一类事体吗？对于乡党邻里和亲戚朋友间的有无缓急之相通，何以会那般慷慨热心呢？这其中能保没有要作豪强的企图吗？诸如此类的疑似之词，竟全被对方加以罗织，当作陈氏实有的罪行而胪列于诉状之内了。

孝宗的淳熙之末，朝廷上的大臣，自宰相周必大以下，很有几个与陈氏有些交谊的人。这时候，跟了新君的受禅，当政的臣僚也是新换的一批，陈氏的故旧全在被淘汰之列，而新贵当中却有一位何澹是正和陈氏有着一些纠葛的。

何澹本是和周必大很要好的，在周必大作宰相的期内，他曾作过国子司业，他本希望周氏能继续加以援引，却不料一连两年，周氏再未曾奏迁他的官职，后来是经过留正的奏请，才迁为国子祭酒，因此他对周必大便非常恨恨。到光宗受禅之后，何氏被除为权兵部侍郎，绍熙元年春又同知贡举，在逐渐飞黄腾达着。

绍熙元年的礼部春试，陈氏也曾去参与的，结果仍是名落榜外，愤愤之余，对于他平素即不很看得起的何氏便有一些辱骂的话：

> 我已这般年纪了，却又被这后生小子侮辱了一次！

他把诸如此类的话毫无顾忌地向别人陈说，后来自不免传到何氏的耳朵里，两人间从此造成了仇隙。这年秋季，何氏又转为右谏议大夫，就任后的第一件奏疏，便是迎合着光宗的意旨，而弹劾周必大有不公、不平、不正等十大罪状，而在其中的第一条内，便举出了周氏和陈氏的关系以为证。然而他还并不以此而感到快意、满意，因而陈氏的入狱恰又供给了他一个施用威权的好机会。他得知此事之后，首先便谕知浙东的监司要选一个严厉的人审讯这案件。

既然有握权的人在背后操纵指使、代作主张，怨家也就更大胆地杜撰罪名，狱吏也更大胆地文致武断，每次鞫讯，必加拷掠，想逼迫陈氏曲承。一切凿空无据的话，现在都足以致他于死地而有余了。

在狱里所受的刑罚既较上一次惨酷得多，而狱外的情形，在照拂和奔走营救各方面，也都较上一次冷落凄凉得多。上次在他身边扶持他的，是他的庶弟陈明，而陈明这时已死去四年了。上次往复奔走于牢狱和家庭之间的，是他的妻弟何大猷，而何大猷却也在陈氏这次入狱之前的十来天死去了。陈傅良和叶适，从交情方面说，是他仅有的可以仰赖的两个人，前者在这一年正由湖南提点刑狱调入朝内作吏部员外郎，后者也方在宦游近畿各地，两人竟都佯为不知不闻，不曾有什么动静。他在狱里写信给郑伯英，希望由他设法去获取一些有力的援救，等了很久才得到复书，这复书并非郑氏手写的，里面却告诉了郑氏病得要死的消息，而郑氏果真在此后不久便死去了。在所有的亲朋当中，只有张定叟（构）肯自动的设法拯救他，然而独力终难制胜那成群的宵小，也未能发生什么实际的效果。一切都好像无策可施，妻子儿女只能在家中环对涕泣，亲戚邻里也都料定陈氏必难脱于一死，而代为忧虑着这狱囚身后的一切了。

所幸是，陈氏虽不时经过一些审讯和拷打，狱情虽显得十分严重，而陈氏应受何种处分，却还在迟迟着没有作最后的裁判。这一年的秋季，何澹遭逢继母之丧，最初还在怙势恋权，借口于不是生母，不愿意解官回家持服，后经太学生乔嚞、朱九成、黄会卿等移书相责，才辞官而归，这事情替陈氏造成了一大转机，在何氏去职还家之后，这讼案不再像从前那样的紧张了。

更幸是，当何澹已经去职之后，前曾受洪适的荐举而现时正任江西转运使的郑汝谐，被内调为大理少卿了。审理陈氏的案件，正是他职分以内的事。陈氏和洪氏兄弟本也有些游从雅故，和郑氏，也可算是间接的友人，而他的才名也早就在郑氏的景仰之列。郑氏察知这案件的隐微之情，一切由罗织而成的罪名，他均证明其为诬妄，于是在他的不曲不阿的公平裁决之下，陈氏判决无罪。在绍熙三年二月，陈氏又从三衢州狱的木索桎系中恢复了他的自由。

二十三　状元及第

绍熙四年春,陈氏再去参与礼部的进士试。

礼部考试的程序,是分为三场进行的。第一场是"经义",这一次的题目是从《尚书》中出的,散场之后,他去找陈君举,将破题两句告诉了他。

又休了!

陈君举听了他的破题之后,觉得不妙,便含笑说了这样的话。

第二场的试题是"勉强行道大有功论",陈氏的破题云:"天下岂有道外之功哉。"陈君举对这句话的评语是:

出门便见"哉"!然此一句却有理。

在陈君举看来,依然是极少把握的。

第三场是一道策问,陈氏起首的几句是:

天下大势之所趋,天地鬼神不能易,而易之者人也。

当他将这几句话告诉了陈君举时,后者大为赞佩了,而且说:

此番得了。

果然，此番得了。在夏季，陈氏便又参与殿试。

这次的廷对策问题目，开头是这样几句话：

> 朕以凉菲，承寿皇付托之重，夙夜祇翼，思所以遵慈谟、蹈明宪者，甚切至也。

这几句话，如果不把它当作一种照例的套语，则和当时的实际情形是不相符合的。孝宗对于高宗，惟敬惟谨地服侍了一生，而光宗对于孝宗，却正正与此相反。光宗的皇后李氏，是安阳李道本的女儿，道本原是起身于盗贼，后来方投附于戚方的部下作将官。李后也颇肖其父，禀性非常悍妒。她和孝宗之间，因为几次语言的误会，当孝宗既经禅位而退居于重华宫中时，她便常常挟制着光宗，使他不能依照一定的节序而去重华宫朝谒。后来这事情闹得举朝纷纷，上自宰辅百官，下至韦布之士，或面奏，或上疏，都以"过宫"为请。陈君举就曾因此事而演过极动人的一幕剧。那是在绍熙三年的某月日，光宗要去朝见太上皇了，百官均立班静候。不料光宗刚走近御屏，李后又赶来挽他回宫，说道：

> 天寒，官家且回去进一杯酒吧。

于是百僚侍卫全都失色了。陈君举这时是中书舍人，也在班列之内，遂赶紧跑前拉住光宗的衣裾，请他莫再回去。李后大骂陈氏，说道：

> 这里甚去处？秀才们要研了驴头吗？

陈氏遂大声在殿下恸哭。李后又派人来问道：

此是何礼？

陈氏答道：

　　子谏，父不听，则号泣随之。

李后越发怒不可遏，遂即传旨还宫。

　　光宗是这样地受制于李后，一些应履行的表面的仪节尚且做不到，则"所以遵慈谟、蹈明宪者，甚切至也"等话头，更分明是虚文，是说谎。

　　倘把这几句认作是例有的客套话，则在对策的人原可不必对此段有所应答。

　　然而陈同甫氏于此却是别有会心的。

　　三十年来投考和处世的经验，使陈氏从万般艰辛中理会得这科名是如何难以取得，而又实在有取得它的绝对需要。只有取得它，才可以在人群中算得一个"人"，才可以在士大夫阶级中算得一个"士大夫"，才可以有资格对世事或国事插嘴！他只需打破当前的一层难关，取得了做"人"做"士大夫"的资格，凭了他的才干智略，他可以更进而扶摇直达九万里的高峰，坐视群山千万叠都朗在下风、拱揖听命。这是他一生所梦想、所努力要达到的境界，而到达这境界的路径现在已经展开在他的眼前了。问题就只看他这次廷对的文字能不能正合皇帝的意向。就殿试的策问稍稍费了一些揣摩，他决意不作一般臣僚士夫的应声虫，对于光宗之不朝重华宫，他甘冒不韪而说出他的独特的意见，对策题中开首的那几句他应对道：

　　臣恭惟皇帝陛下，谦恭求治，常若不及，深念夫人心之不易正，而民命之未易生全也，进臣等布衣于廷而赐以圣问曰："朕以凉菲，承寿皇付托之重，夙夜祇翼，思所以遵慈谟、蹈明宪者，甚切至也。"臣窃叹陛下之于寿皇，莅政二十有八年之间，宁有一政一事之不在圣怀，而问安视寝之余，所以察词而观色，因此而得彼者，其端甚众，亦既得其机要而见诸施行矣，岂徒一月四朝而以为京邑之美观也哉。

后来危骊塘（稹）见到这段文字，说道：

陈同甫上书气振，对策气索，盖要做状元也。

世事是那样的艰难而又那样的容易，只要稍微掉以匠心，稍微不惜枉尺以直寻，便可以"求则得之"。事实上这也是每一个科场中人所暗自理解的窍要。既然不能高尚其事，而须向王侯们说些逢迎话、恭维话，这里便只看谁能逢迎得最好，恭维得最高了。可惜陈氏在受尽挫折磨难之后方才理解得这机关。既已理解了，他便不但如危氏所说"要"做状元，而事实上他的确"成为"这一榜的状元了。当阅卷官们呈奏及第进士的名次时，本将陈氏列作第三名的，及至光宗阅过他试卷中的上一段话之后，认为他"善处父子之间"，便以御笔改为第一。

五十年前新迁到龙窟山下那陈姓老年人所做的状元梦，在经过那样多的纡回曲折的路径之后，终于算是实现了。

二十四　老而益壮

既已状元及第，便要把这份功名所能具有的作用尽量发挥，不能专如前此所打算的限于遮拦身家之用了。世局自然是愈来愈不及从前了，但他是确信人为的力量可以胜过一切的，只须有挟山倒海的伟力，旋转乾坤也并非不可能的。只有需要抚危定倾的场合里，才是施展大力大智的所在。陈氏的雄壮的心在跃跃着欲作初次的尝试。当举行琼林宴时，光宗赐新进士们以御制诗云：

三岁宾兴举旧章，群儒济济竞观光。
广求治道唯兼听，乐告嘉言已对扬。
力学见闻杂博洽，处身操履贵端方。
益坚忠节承休德，共赞熙朝庶事康。

陈氏于和诗中便重新提起了复仇的话：

云汉昭回倬锦章，烂然衣被九天光。
已将德雨平分布，更把仁风与奉扬。
治道修明当正宁，皇威震叠到遐方。
复仇自是平生志，勿谓儒臣鬓发苍。

在向光宗谢恩的表中，他也强调开科取士和复仇雪耻的密切联系：

伏以天之生才，实系国家之造；人之用世，亦关时运之兴。济济朋来，班班颖脱。以须选择，不使弃遗。臣亮等恭惟皇帝陛下，以圣人之大才，行天下之正道：韬英武于盛际，对《易》之《需》；据君师之至尊，为《书》之《范》。眷言问寝，重于复仇。固将与时以偕行，讵有抚机而不发？安静和平之福，用以宅心；发扬蹈厉之功，期于得士。臣亮等仰知圣意，俯诵搜闻，本末后先，宁无失策；短长高下，孰有遁情？悉俟圣裁，尽从官使。自今以始，宁敢窃爵禄以苟岁时；如日之升，或可依风云而效尺寸。臣亮等下情无任激切营屏之至，谨奉表称谢以闻。

给丞相留正的谢启中，更把自己的雄图明显地说了出来：

数十年穷居畎亩，未谐豹变之怀；五千言上彻冕旒，误中龙头之选。顾今自喜，论古良惭。虽欲有言，莫知所谢。敬惟大丞相少保国公，卓荦良臣，勤劳硕辅，重道崇儒之正学，素所讲明；立纲陈纪之大经，备尝议论。秉钧独当大任，持衡务适厥中。为社稷之元龟，掌文章之司命。献谟献猷于左右，固光裕于后先。如亮者才不逮于中人，学未臻于上达。十年璧水，一几明窗。六达帝廷，上恢复中原之策；两讥宰相，无辅佐上圣之能。荷寿皇之兼容，恢汉光之大度，留张齐贤之遗主上，俾宋广平而冠群儒。静言叨冒之多，知自吹嘘之力。亮青年立志，白首夺身，敢不益励初心，期在重温旧业。出片言而悟明主，尚愧古人；设三表以系单于，请从今日。若徐求其可称，必更得于所图。

致同知枢密院赵汝愚的谢启也说：

汲引人才，使相先后；俟经时变，宁问短长。但有向者之虚名，庶几今兹之实用。滥叨首选，徒激壮心。自源徂流，探端知绪。敬惟同知相公，夐以文墨，自结主知，出其才猷，遂为世用。践更多矣，声问伟然。北向以复神州，固有无前之志；中立而行正道，姑从端本之谋。英流冀其相先，善类依以为重。公辅雅望，上所属心；宥密本衷，国焉惟屏。官则见舜朝之逊，贤岂容尧野之遗。念昔少年，及见前辈，素所自喜，《兵法》《六韬》；已而饫闻，《中庸》《大学》。坐想百年之旧，疾趋一世之雄。荏苒岁时，牵连祸患：人皆欲杀，付微命于鸿毛，公不我遗，脱残年于虎口。况遇持于文柄，欲稍复于古初。舍其旧而新是图，望之大而小可略。使应清问，尽致公言。上亦念其论之平，竟以先此时之选。愿当圣世，合天下之异以为同；岂无厉阶，非斯人之徒而谁与？鼓同舟遇风之势，成披云睹日之功。出尖之才，百端并用；易世之怨，一洗而空。伊我何心，惟公是望。过此以往，未知所裁。

向着地下的父祖，他也于祭告文中说道：

……被天子之命服而不能归荣其先，得罪于天，其来既久。……归告诸墓，指日为誓，亲不能报，报君勿替。七十年间，大责有归。非毕大事，心实耻之。……

于致彭龟年书中将时局取譬于人身的病症，力说应及其尚有可为之时，大家当合力加以拯救：

亮向者得台翰回报之后，仰止道谊，不任此情。班行之有门下，屹然如中流之砥柱，而时事日以艰，典礼日以异，闾朝危惧，田野隐忧。举一世之隐忧，所当竭其血诚而共拯之，盖不可以顷刻缓者也。责之与差不甚责，贤之与差不甚贤，皆当次第受责，不得自恕。亮田野小夫，近尝叨冒一时误恩，犹不敢自安于田里，门下以道山玉府之英而当《春秋》之责。回天之力，非有望于二府、给舍、台谏、侍从，则望之诸贤，食焉而怠其事可乎？此田文与吴起论功之时也。亮卧不安席，食不甘味，将从诸贤而问其平生所讲者，不暇以贵贱论。

然病之生也，有根有柢，有渐有积。穿经入络，动荣及卫，至于渗骨彻髓而后不可救。若于其根而治之，可以无智名，无勇功；治之于渐积，则药力亦不重。人君以一身而临天下，责于庶明励翼，动息必知，根渐必觉，故君子之效力也微而收功也大。若上下皆不觉，至于经络荣卫，而药力犹轻则无可为，药力重而不能救，则其病在不早办耳。今犹及可办也，诸贤何以追办之乎？

愿门下肃遵时令，精调寝馈，以共扶天地之经，无痕瑕可指而还其初，不任惓惓之祷。

这时他也有一书致朱晦菴，畅论应以人力推动世局之旨，此书已亡佚，就朱氏复书中却还可窥其大端所在：

……伏奉手诲，且有新词厚币佳实之贶，感刻不忘之意，愧怍亡喻。……新词宛转，说尽风物好处，但未知"常程正路"与"奇遇"是同是别，"进御"与"不进御"相去又多少？此处更须得长者自下一转语耳。

老兄"志大宇宙，勇迈终古"，伯恭之论，无复改评。今日始于后生丛中出一口气，盖未足为深贺。然出身事主，由此权舆，便不碌碌，则异时事业亦可卜矣。

但来书诸论，鄙意颇未尽晓，如云"无动何以示易"，不知今欲如何其"动"，如何其"易"？此其区处必有成规，恨未得闻其详也。又如"二者相似而实不同"处，亦所未喻。若如鄙意，则须是先得吾身好，党类亦好，方能得吾君好，天下国家好。而所谓"好"者又有虚实大小久近之不同。若自吾身之好而推之，则凡所谓好者皆实皆大而又久远，若不自吾身推之，则弥缝掩覆虽可以苟合于一时，而凡所谓好者，皆为他日不可之病根矣。盖修身事君初非二事，不可作两股看。此是千圣相传正法眼藏，平日所闻于师友而窃守之，今老且死，不容改易。如来谕者，或是诸人事，宜非老仆所敢闻也。不知象先所论与此如何？向见此公差强人意，恨未得款曲尽所怀耳。（朱集原注癸丑九月二十四日）

二十五 "荣 归"

紧接在状元及第之后,陈氏被任命为"签书建康军节度判官厅公事"。

签书某某军节度判官厅公事,本是其时进士前三名所照例应得的一种职事。然而建康军是陈氏认为可据以开创数百年基业的地方,相去不远的京口又是陈氏曾想买宅定居的地方,则为公为私,得以分发到建康军去,在陈氏应是可以满意的。

然而为了料理一切,他还得先回家去。

陈充首先到远郊去迎接他这荣归的哥哥。在人生的旅途上遭受了如许困苦磨折,才得到了这一份荣名,兄弟两人在这场合下晤对叙谈,陈氏实在不胜其愤慨、感伤,于是向他的弟弟说道:

> 今后如果我能贵显,我一定使你最先受到我的恩泽。到死的时候,我们好各自穿着命服去见先人于地下。

"勿谓儒臣鬓发苍",这正说明他的鬓发确已苍苍。而和这衰老的外形相应合,由于涉世多艰而致过量地消耗了无限精力,精神上也很萎顿了。为了要报答君恩,救济国事,在在又正需要一份极健实的精神和筋力,由于这项责任感,他回家之后,立志要遗落世事,痛自摄养,连世故应酬文字也要尽量少做,免得再枉费心思于无用之地。只遵循着社会的惯例,就本郡的范围内拜会几个亲友,作一些一个人在出仕前所应有的酬酢。

在陈氏的打算中，也许是要等明年开春之后才去建康就任的吧？而病魔却不等到那时就先来困扰了他。

既已明白自身精力和筋力的衰耗，便很担心这次未必不为病魔所吞没，而这一生的立身行事，随时随地只引惹了一些有意或无意的误解，既不能希望再用自身的行事去加以更正辨解，又绝不愿意就任凭世人这般误解下去以迄终古，他希望有一篇能够写真传神的墓志铭，使他得托以永传不朽。在世的友人中，知道他较为真切的要算叶正则了，于是他托铭于叶氏，而且与之相约：

铭或不信，吾当虚空间与子辨。

接着，陈氏便穿着命服去见他的先人于地下了。

附　　录

一　陈龙川狱事考

《宋史》卷四百三十六《陈亮传》中说：

陈亮，字同父，婺州永康人，生而目光有芒，为人才气超迈，喜谈兵，论议风生，下笔数千言立就。……当淳熙五年，诣阙上书，……书奏，孝宗赫然震动，……将擢用之，左右大臣，莫知所为，惟曾觌知之，将见亮，亮耻之，逾垣而逃。觌以其不诣己，不悦。大臣尤恶其直言无讳，交沮之。乃有都堂审察之命，宰相临以上旨，问所欲言，皆落落不少贬，又不合。待命十日，再诣阙上书，……书既上，帝欲官之，亮笑曰"吾欲为社稷开数百年之基，宁用以博一官乎！"亟渡江而归，日落魄醉酒，与邑之狂士饮，醉中戏为大言，言涉犯上，一士欲中亮，以其事首刑部。侍郎何澹尝为考试官，黜亮，亮不平，语数侵澹，澹闻而衔之，即缴状以闻。事下大理，笞掠无完肤，诬服为不轨。事闻，孝宗知为亮，尝阴遣左右廉知其事，及奏入取旨，帝曰："秀才醉后妄言，何罪之有！"划其牍于地，亮遂得免。

居无何，亮家僮杀人于境，适被杀者尝辱亮父次尹，其家疑事由亮，闻于官，笞榜僮，死而复苏者数，不服。又囚亮父于州狱,而属台官论亮情重,下大理。时丞相〔王〕淮知帝欲生亮,而辛弃疾、罗点素高亮才,援之尤力,复得不死。

亮自以豪侠,屡遭大狱,归家益励志读书,所学益博。……感孝宗之知,至金陵视形势,复上疏……欲激孝宗恢复。而是时孝宗将内禅,不报。由是在廷交怒,以为狂怪。

先是,乡人会宴,末胡椒,特置亮羹戴中,盖村俚敬待,异礼也。同坐者归而暴死,疑食异味有毒。已入大理,会吕兴、何念四殴吕天济且死,恨曰:"陈上舍使杀我。"县令王恬实其事,台官谕监司选酷吏讯问,无所得,取入大理,众意必死。少卿郑汝谐阅其单词,大异曰:"此天下奇材也,国家若无罪而杀士,上干天和,下伤国脉矣!"力言于光宗,遂得免。

寻绎这段文字,陈氏的系狱,前后共是四次:第一次是为了醉中戏为大言而涉犯上,第二次是为了家僮杀人于境,第三次是为了宴会中有毒害人的嫌疑,第四次是为了嗾使吕兴、何念四殴杀吕天济的嫌疑。首二次应是在淳熙五年以后连续发生的,后二次则是发生于淳熙和绍熙之间的。自《宋史》一出,以后各史书对于此事的记载,便完全以此作了根据。近来间有人对此记事发生疑心,却未能予以充分的论证,以确断其误或不误。

《宋史》中的这些记载,是都有其来源的。而且那来源,还都好好地保存到现在。其一是叶适所作的《陈同甫、王道甫墓志铭》,另一是叶绍翁《四朝闻见录(甲集)》中《天子狱》一条。叶适文字中的一段是:

前此,乡人为宴会,末胡椒,特置同甫羹戴中,盖村俚敬待,异礼也。同坐者归而暴死,疑食异味有毒,已入大理狱矣,民吕兴、何廿四殴吕天济且死,恨曰"陈上舍使杀我!"

县令王恬实其事，台官谕监司选酷吏讯问，数岁无所得，复取入大理，众意必死，少卿郑汝谐直其冤，得免。（《水心集》卷二四）

此与《宋史·陈亮传》所叙后二次入狱事之文字几完全相同，知《宋史》所本为此。《四朝闻见录》甲集《天子狱》条下的记事为：

永康之俗，固号珥笔，而亦数十年必有大狱。龙川陈亮，既以书御孝宗，为大臣所沮，报罢居里，落魄醉酒，与邑之狂士甲命妓饮于萧寺，目妓为妃，旁有客曰乙，欲陷陈罪，则谓甲曰："既册妃矣，孰为相？"甲谓乙曰："陈亮为左。"乙又谓甲曰："何以处我"？曰："尔为右。吾用二相，大事其济矣。"乙遂请甲位于僧之高座。二相奏事讫，降阶拜甲，甲穆然端委而受，妃遂捧觞歌《降黄龙》为寿，妃与二相俱以次呼"万岁"，盖戏也。先是，亮试南宫，何澹校其文而黜之，亮不能平，遍语朝之故旧曰："亮老矣，反为小子所辱！"澹闻而衔亮，未有间。时澹已为刑部侍郎，乙探知其事，遂不复告之县若州，亟走刑部上《首状》，澹即缴《状》以奏，事下廷尉。廷尉，刑部属也，笞亮无全肤，诬服为不轨。案具，闻于孝宗，上固知为亮，又尝阴遣左右往永康廉知其事。大臣奏入取旨，上曰："秀才醉了，胡说乱道，何罪之有！"以御笔画其牍于地，亮与甲俱掉臂出狱。

居无几，亮又以家僮杀人于境外，适被杀者尝辱亮父；其家以为亮实以威力用僮，有司笞榜僮，气绝复苏者屡矣，不服。仇家置亮父于州囹，又嘱中执法论亮情重下廷尉。时王丞相淮知上欲活亮，以亮款所供"尝讼僮于县而杖之矣"，仇家以此尤亮之素计，持之愈急，王亦不能决。稼轩辛公与相婿素善,亮将就逮,亟走书告辛,辛公北客也,故不以在亡为解,援之甚至,亮遂得不死。时考亭先生、水心先生、止斋陈氏,俱与亮交,莫有救亮迹。亮与辛书,有"君举吾兄,正则吾弟,竟成空言"云。

此较《宋史》所记前两次事件的文字为详,而由二者的文字对看,知此段实即《宋史》之所本。然这段记事中毫无年月可寻,所记与叶适在《墓志铭》中所说的又完全两样,故《宋史》中叙为另外的两次。而将二叶所记相加,适成四次。

但在《龙川文集》中,我们却只能找出他两次入狱的痕迹,且又全不发生在淳熙十年之前。吕祖谦是陈亮平生最知心的人,在淳熙五、六、七各年中,二人交往书信最频繁。其中毫不见有陈氏入狱的迹影。他在写给韩无咎的信中诉说其所受的困厄,也只说:

会亮涉历家难,穷愁困顿,零丁孤苦,皆世人耳目之所未尝及者;不幸十余年之间,大父母、父母相继下世,是以百念灰冷,不复与士齿。今但与妻孥并力耕桑,以图温饱,虽书册亦已一切弃去……(《陈亮集》增订本卷二七)

这封信是写于淳熙六年的,其中并未道及入狱的事。而且叶适与陈氏的交谊,虽次于吕氏,但亦甚笃,既为陈氏作《墓志》而叙及其两次系狱的事,何以更有所漏略而留待叶绍翁氏加以补述呢?凡此,我们都不能不有所怀疑。

现在依照《宋史·陈亮传》叙事的序列,将叶绍翁所记的两次狱事试一一考订其发生的时间:

他所记第一次的系狱,仅仅牵涉到何澹一个人,说他那时候正作刑部侍郎,又正对陈氏怀有夙恨,所以便趁机报复了一下。但在《宋史·何澹传》中,仅说他曾作过兵部侍郎,无作刑部侍郎之说。再查其作兵部侍郎的年代，是在孝宗淳熙晚年，《宋史·何澹传》说：

> 澹本周必大所厚，始为学官，二年不迁，留正奏迁之，澹憾必大。

由《两朝纲目备要》及《宋史全文》中，知道何澹所作的学官是司业，经留正奏迁后又作了祭酒。其时已经是孝宗淳熙十三、四年。以后又为权兵部侍郎，到光宗受禅后除右谏议大夫，绍熙元年春同知贡举，二年秋即因母丧去职。留正于淳熙九年至十二年间知成都府，十三年方签书枢密院事，何澹在留正入相后方得由司业而迁为祭酒，倘使确曾作过刑部侍郎也必更在此后。又按陈氏与何澹间如确有仇恨，又确因何澹为考试官时黜抑陈氏所致，而何澹之同知贡举却在光宗绍熙元年春，则在淳熙时候，尤其是在淳熙十年之前，绝不会有藉了自己的权势而酷待陈氏的事。

但这还只能摆脱了何澹对陈氏的关系，并不能说明陈氏在淳熙五、六年间之不曾入狱。那么，试再就叶绍翁所举陈氏首次入狱的原因而考明其发生的年月：

据绍翁所说，这原因既是为了落魄醉酒，和同乡狂士某甲醉后戏为大言而致犯上，因被某乙告发。这事件，在陈氏的一位同乡吕皓的《云溪稿》中，我们可以发见那位大言犯上的主犯，实是吕皓的长兄吕约。吕皓的《上孝宗皇帝书》中说：

> 仇人怨家，所竞不满百钱，至诬臣之兄以叛逆，诬臣之父以杀人，叛逆天下之大憝也，杀人天下之元恶也，非至棘寺终不能以自明。……狱告具而无纤芥之实，卒从吏议，以累岁酒后戏言而重臣兄之罪；搜抉微文，以家人共犯而坐臣父之罪。夫酒后果有一、二戏言，而岂有异意？此所谓言动之

过，而非故为之者也。深山穷谷之中，筚门圭窦之下，一时之戏言固不宜尽律以文法；且仇怨告讦之情，累岁不可知之事，所不应治也。

其《上王梁二相书》中也有同样的话，并说：

……夫深山穷谷之中，闾阎败屋之下，酒后耳热，不识禁忌，此唐明皇所谓三更以后与五更以前者，若一一推寻而穷究之，则辗转相讦，疑似相乘，人无置足之地矣。今以累岁不可知之事，恍惚诞谩之言，一时告讦而使坐之，其将何所逃罪？……最其甚者，一行平人，本有何罪，因皓之兄得罪于仇人而皆有所坐！

这辩诉中所说的情形已和叶绍翁所记的很相似了，而在吕皓的《上丘宪宗卿书》中，更明白说出了"同里陈公"牵连在杀人一案之内，而这位陈公且是一位"名世之奇士"，可知这里所指定是龙川，也可知龙川的被累只是宴会中置药谋毒一案，而与犯上案无涉。其共同的原告为同里中的卢氏父子，其发生的时间是孝宗淳熙十一年甲辰春。从《龙川文集》中，也能很清楚地将此次事件的经过情形查得出来。

这是陈氏系狱的第一次，而在叶适所作的《墓志铭》中却不曾叙及。这不是叶适的漏略。由吕皓所上的书中，可知叶适所记因宴会中置药谋毒害人的嫌疑而入狱的事，实即这次入狱的确实原因。而关于这置药杀人的嫌疑之所由起，在吕皓《上丘宪宗卿书》中说道：

乡之奸民卢氏父子屡假是非以疑上司州县之听而不已，既诬某之兄有狂悖等语，事方得直，又复诬某之父与同里陈公药杀其父,虽有如阁下高明洞达,烛见物理,巨细不遗,亦未免致疑焉。……试以卢氏诬告之事,平其心而察之,使有人当十目所视而且饮他人之酒,后有一人几半月而死,病寝之际,医卜交至其门而皆能证其状,死且十日,其子忽声于众,谓"某与某药杀我父",而闻之官,官既穷究其事,决不复疑之而使之再冤也,真金顾岂嫌于数锻,但父当兹垂白之年,复使婴木索,被箠楚,必无更生之望矣。有子三人,长既系于官,季则尚幼,某苟不知奔走哀号于前,庶几万一有以释阁下之疑,而脱老父无罪而践九死之地,则不可为人子矣。……今以名世之奇士,与乡间之平民,皆职某之由,无故而屡遭械逮。尚复有面目俯仰乎天地间耶!

这案情至此便已完全明白:最初的起因,本是由于吕约和卢氏父子因有不满百钱的争论而结了仇隙,于是卢氏父子便撷拾了吕约在几年前所演的一幕滑稽剧而告发了他的叛逆之罪,其中牵连了不少的闾里平民,但其中有无陈氏在内,则殊难必。因为,据《孙贯墓志铭》(《陈亮集》增订本卷二五)看,吕约乃是陈氏的学生,其受学且早在乾道七、八年间,则师生间绝不会共同扮演那样的滑稽剧。若说陈氏之被累乃因其为吕约之师,倒是较为可能,但亦仅属可能,却未必即因此而入狱。嗣至吕约的叛逆罪名将要宣告不能成立,罪犯们全都可望开释的时候,卢家的作父亲的忽而病死,其子为要继续致吕氏父子于死地,于是乃将父亲的死因归咎在若干日前一次宴会的事情上,而以置药谋害罪告发了吕约的父亲吕师愈,另外也还涉及陈亮。根据吕皓的这封信,陈氏的入狱必是在这次的告发之后。

因为后一罪状乃是确实牵涉到陈氏的,所以叶适写入《墓志铭》中。因为前一事件最易被人引为笑谈,而且既被吕氏牵连入狱,在人们的谈笑中,自也难免将陈氏牵混于内,所以叶绍翁氏便又根据了传闻而记入《四朝闻见录》中,而不知那只是风影之谈。陈亮于《陈春坊墓志铭》中自述其系狱原因,只说是"药人之诬",于甲辰答朱熹书中也只说"初欲以杀人残其命",更可证叶适所记为符实。

除了二叶所记一虚一实的两种原因之外,这次的狱事还有另外的一些复杂背景。吕皓《上丘宪宗卿书》中又说:

> 自为富不仁之说不明,居民上者每以疑心待天下,谓凡汉吏号为良为能者,不过击搏一二豪姓巨族以扶植善弱而已,往往果于破坏富民而不之恤。殊不知……自我朝纳天下于法度准绳之内,以至于今,富室无巨万之积,方且敛手就约束,求容于里巷,以庶几卒岁之安,岂有稔恶之久而不败者乎?而上之人又从而疑之,常怀忿疾之心,以幸疑似之事,此今之富民鲜有三世之久者,率由小人巧计投上之所疑而因以坏也。某生长闾阎,盖多见之,未尝不为之痛心疾首,而岂谓今日遽见于吾家乎!
>
> 且某家世业儒而不废耕耨,代守勤俭以谨持门户,由是衣食之具仅免求人,而人亦未有以为疑也。时饥则随所有以济人之急,……而乡之奸民卢氏父子屡假是非以疑上司州县之听而不已。

据此,则知卢氏的告讦,官吏的重治,虽则都是以临时发生的事情作为藉口,而背后的重大原因却是为了共同妒视吕家的资产之富。再看叶适所作吕师愈的《墓志铭》,说他"用一扇十年,尚补缉之;道遇坠炭数寸,亦袖携以归",则说不定是吕氏家人因富有之故而平素既骄且吝,有以致之的。

陈亮的情形,也不是很单纯的,在他的甲辰答朱熹书中说:

如亮今岁之事，虽有以致之，然亦谓之不幸可也。当路之意，主于治道学耳。亮滥膺无须之祸，初欲以杀人残其命，后欲以受赂残其躯，推狱百端搜寻，竟不得一毫之罪，而攫其《投到状》一言之误，坐以异同之罪，可谓吹毛求疵之极矣。最好笑者，狱司深疑其挟监司之势，鼓合州县以求赂，亮虽不肖，然口说得，手去得，本非闭眉合眼、矇瞳精神，以自附于道学者也。若其真好贿者，自应用其口手之力，鼓合世间一等官人，相与为私，孰能御者？亮何至假秘书诸人之势，干与州县以求贿哉！狱司吹毛求疵，若有纤毫近似，亦不能免其躯矣。……

　　亮之居乡，不但外事不干与，虽世俗以为甚美，诸儒之所通行，如社仓、义役及赈济等类，亮力所易及者，皆未尝有分毫干涉，只是口唠噪，见人说得不切事情，便喊一响，一似曾干与耳。凡亮今日之坐谤者，皆其虚影也。惟经狱司锻炼，方知是虚。然亮自念，有虚形而后有虚影，不恤世间毁誉怨谤，虽可以自立，亦可以招祸。(《陈亮集》增订本卷二八)

在乙巳春间给朱熹的另一封信中说：

　　丘宗卿亦受群儿谤伤之言，半间半界，州府卒归狱于赵穿。亮以此身既存而不复问矣。世途日狭，亮又一身不着行户，宜其宛转陷于榛莽而无已时也。(同上)

他还在《谢王丞相启》中说：

　　伏念某性固小异，命亦多奇，纵居不择乡，岂为恶人之道地；使行或由径，宁通小吏之金钱！(《陈亮集》增订本卷二六)

这些话语，至少又可证知两事：一为陈氏的罪名，除了置毒杀人之外，还有干预州县、贪求贿赂一项；二为其时的当政者立意惩治"道学"，而也认陈氏为其中人士之一，所以特别加重治罪。

抄引了以上许多文字，我的意思只在说：陈氏的首次系狱，是由平素所积累的许多复杂原因所造成的一件事实，叶绍翁所记的狂言犯上案中，也把陈氏牵连在内，实出于传闻之误；而叶适所记，则只是许多原因中的一种。只因为叙事和年代的不够明确，便被《宋史》编撰者误认作发生于不同时间的两次狱事了。

在吕皓的《上丘宪宗卿书》中曾说到丘氏对吕父及陈亮的置药杀人的事也不免致疑，在陈氏与朱熹的信中也有"丘宗卿亦受群儿谤伤之言，半间半界"的话，更可证知不但吕、陈为同一案件中的犯人，且可知这一案情，其中各犯人的罪名，前后是有过几次的改变的。

这次的案子，是结束在淳熙十一年五月末，据陈氏与朱熹书，知其被释是在五月二十五日。另据吕皓的《畏天惧法碑》，知吕师愈的被释是在同月的二十九日。又据陈亮的《陈春坊墓碑铭》说：

> 甲辰之春，余以药人之诬，就逮棘寺，更七八十日而不得脱。（《陈亮集》增订本卷三六）

由五月二十五日上推八十日，为三月初五，则陈氏入狱的日期，也可约略求得了。

既然确定了陈氏第一次系狱是在淳熙十一年，而且二叶所记的两种罪名只是这次系狱的许多种原因中之两种（而且是一虚一实），则他们所记后一次的系狱事迹，现在可以很容易地加以解决了。

叶绍翁所记，是在陈氏第一次脱狱之后，又发生了"家僮杀人于境外"的事,叶适则说是有"民吕兴、何廿四殴吕天济且死";叶绍翁记为"仇家置亮父于州圄,又嘱中执法论亮情重下廷尉",叶适则记为"台官谕监司选酷吏讯问无所得,复取入大理";援救陈氏最力的人,叶绍翁以为是辛弃疾,叶适则以为是少卿郑汝谐。既有这许多不同的节目,于是《宋史》又将绍翁所记列为陈氏第二次的系狱,而将叶适所记列为是第四次的。

依了叶绍翁所记这次的入狱原因,我们到《龙川文集》中去找,在其《谢郑侍郎启》中,可找见下列的话:

> 俄而积世之冤,端若从天而下:涂人相杀,罪及异乡;当路见憎,勘从旁郡。恟恟之势可畏,炎炎之焰若何!一死一生,足累久长之福;十目十手,具知来历之非。莫弹人言,爰兴诏狱。是非错出,真伪相清,不以大公而并观,孰从众证而细考?附法以杀,虽百喙以何言;出意而行,恐单词而无据!(《陈亮集》增订本卷二六)

这里所记,和叶绍翁所谓"家僮杀人于境外",以及"中执法论亮情重,下廷尉"等事,完全相合,其所指自是同一事件。另外,陈亮还有许多谢启,其中的措辞与所述诬枉的情形也全相同,如《谢胡参政启》有云:

> 老之将至,乃挂网罗。苟有一迹之可疑,岂逃十目之所指?自嗟命薄,适值途穷。一口传虚,萦路人而为罪;三年置对,任狱吏之便文。不思讼者之谓谁,但使仇人之逞志。鞫之又鞫,疑于无疑。(同上)

《谢陈同知启》有云:

怨之所在，明者不知，苟有邪心，虽路人亦甘于就縶，至遭毒手，盖坐客尽知其为冤。第以当路之见憎，况复旁观之共谤。怨家白撰于其外，狱吏文致于其中。俨然凶人，无一可免。置之诏狱，凡百谓何！（同上）

《谢罗尚书启》有云：

向也路人，俄而重辟。瞻木索之皆具，宁发肤之可全！苟以疑似残其躯，岂敢为当涂而自爱；至于罗织剿其命，亦恐成圣世之失刑。竟不察于人言，爰特兴于诏狱。半毫以上，皆凿空无据之词；十日之间，有左验甚明之实。（同上）

这些谢启中既都说到路人相杀，则毫无问题，都是第一次出狱之后同时发出的。此外更有谢留丞相、葛知院、何正言诸启，也是的。今查胡参政为胡晋臣，于光宗绍熙元年十二月至四年三月参知政事；陈同知为陈骙，于绍熙三年六月至四年三月同知枢密院事；罗尚书为罗点，于绍熙三年至五年为兵部尚书；留丞相为留正，于淳熙十六年至绍熙五年为丞相；葛知院为葛邲，于绍熙元年十二月至四年三月知枢密院事；何正言为何异，于绍熙四年为右正言。从这里可以断定，这次狱事的发生，是在绍熙初年，其了结的时期，至早和至晚，都不得出绍熙三年，即陈氏举进士之前一年。叶适于所记后一次的狱事之下，即紧接着一句"未几，光宗策进士，擢第一"的话，则与叶绍翁所记的后一次仍不得不是一件事。谢启中之尤关重要的，是写给郑侍郎的一件，其中所叙的事既同于叶绍翁的记载，而谢启的受者郑侍郎，又正是叶适所记的少卿郑汝谐。有如一座桥，这谢启使二叶的记事有了联系。案郑汝谐在《宋史》中无传，据《青田县志》，他是绍兴二十七年的进士，孝宗时因丞相洪适的推荐授两浙转运判官，转江西转运使，入为大理少卿，持公论释陈亮,历官吏部侍郎。此必是当陈氏系大理狱中的时候,郑汝谐适为大理少卿,而当陈氏被释之后,向诸人致书道谢的时候,已经又改为吏部侍郎,故陈氏即以侍郎相称。而《青田县志·艺文志》中,也采入陈氏这一谢启,并于其下注云:"郑侍郎名汝谐。"二叶所记之为一事,至此当更无可疑。则叶适所记的吕兴、何念四二人,其中必有一人曾作过陈亮的家僮,而吕天济必即是绍翁所说"曾辱亮父"的人。

这次的狱事,所以又使得二叶有了不同的记载,固然是由于传闻异词,而另一方面也是因为和上次的狱事一样,这次亦复有些别的背景。从《龙川文集》中可以考见的,其主要的原因是在于人人都知道他的贫困,但又多见其有"任侠豪强"的行为,于是不免起了疑忌而谋加摧残。其《谢葛知院启》说:

> 既置身于无用,宜取祸以难明。下流而致缙绅之见推,从何自取?穷居而使衣食之粗足,似若无因。谓其豪强,处以任侠;加虚谤于实事,入信语于疑心。……酝在平时,合成奇祸。重以当涂之立意,加之众怨之凿空。(同上)

《谢郑侍郎启》说:

> 身名俱沉,置而不论,衣食才足,示以无求。人真谓其有余,心固疑其克取。而况奴仆射日生之利,子弟为岁晏之谋,怨有所归,谓可从于勿恤;内常无歉,岂自意其难明!

《谢何正言启》说:

> 同故旧之戚休,乃名任侠;通里闾之缓急,见谓豪强。欲为饱暖之谋,自速摧残之祸。谤出事情之外,百喙莫明;变

> 生意料之余，三肱并折！（同上）

可见这次的狱事，依旧是陈氏平素的行为不为世俗所谅解而惹来的，其因家僮杀人于境外而受牵累，又只是仇家临时攫得的藉口而已。

陈氏为其妻弟何少嘉所作的《墓志铭》说：

> 绍熙改元，冬十有二月，狱事再急。月之六日，少嘉无疾而死，予为之惊呼曰：我其不免于诏狱乎，少嘉死，是恶证也！（《陈亮集》增订本卷三六）

其所作《凌夫人何氏墓碣铭》又说：

> 未几而坚母亦死，实绍熙改元十月之一日，得年五十有一，而求余铭其墓，……余心许之，而困于囚系，小定，则坚来曰：坚以其年十二月丁酉葬其母于县西三里，……墓内之志已矣，何以相其墓上乎？

按十二月丁酉为十七日，据上引两段文字，可知陈氏此次入狱，必在绍熙元年十二月六日之后，十七日之前。其出狱的时间，据其所作《喻夏卿墓志铭》，是在绍熙三年二月。又据《与章德茂书》，知此次系狱的地点，是在大理狱三衢分狱中。

在陈氏谢启中所屡次提及的"当路见憎"，以及叶适所说"谕监司选酷吏讯问"的那位台官，大概都是指何澹说的。因为何澹于光宗受禅后即改除谏议大夫，绍熙元年春礼部试时又曾知贡举，其威权正日渐增加，如果将叶绍翁所记"何澹校亮文而黜之"的事，定为发生于此年，两人自此有了仇隙，则于是冬陈氏系狱，也正是何澹有机会而且有权力进行报复的时候。

叶绍翁的记事中,错误并不止一端。其所记后一次的狱事,说"仇家置亮父于州囹",又说"时王丞相淮知上欲活亮",在我们既已考知陈氏第二次系狱的确实年月之后,即可知这两点也是完全弄错了的。陈氏的父亲次尹,也作过狱囚是事实,但那事实却是发生在乾道二年至四年的,他的死去是在乾道九年十二月(见《陈亮集》增订本卷三五《蔡元德墓碣铭》),到淳熙时候尸骨已枯,自不能再入州囹。王淮罢相,事在淳熙十五年夏,到光宗受禅后去职已久,自也无预于陈亮系狱的事,然而这错误的两点,却又全被《宋史·陈亮传》沿袭了。

陈氏于绍熙三年春出狱,次年春即状元及第,又次年即逝世。在淳熙十一年之前,不曾有过系狱的事;在淳熙十一年和绍熙元年至三年的两大狱事中间,也不曾有过系狱的事;在绍熙三年被释之后,更不会再有过系狱的事。因而,陈氏一生共仅系狱两次,是一件确确凿凿的事。二叶所记的不同的原因,只是由"亲见之与传闻之"的不同所造成的罢了。《宋史》误记为四次,那是撰修人应负失察之责的。

最后,还有一项最重要的证据,那便是陈氏自己于状元及第之后和去世之前不久所写的《告高曾祖文》中的几句话:

> 高安既殁,十年之间,亮两以罪系棘寺,实为我祖先之羞。(《陈亮集》增订本卷三〇)

高安,是指陈氏的叔祖陈持而言,因为他曾作过高安县主簿。据吕祖谦所作陈持的《墓志铭》,他是卒于淳熙二年八月十一日的。自淳熙二年至绍熙三年,前后共将二十年,而陈氏却说"十年之间两以罪系棘寺",可见他的系狱,自淳熙二年以来共是两次。而这两次又都是在由绍熙三年逆溯而计的十年之内发生的,则以上所论述的各点,到此已完全成为定案了。

二　陈龙川斩马盗马故事考辨

赵溍在《养疴漫笔》中记有陈龙川和辛稼轩订交的一段故事云：

> 陈同甫名亮，号龙川。始闻辛稼轩名，访之，将至门，遇小桥，三跃而马三却。同甫怒，拔剑挥马首，推马仆地，徒步而进。稼轩适倚楼，望见之，大惊异，遣人询之，则陈已及门，遂定交。
>
> 稼轩帅淮时，同甫与时落落，家甚贫，访稼轩于治所，相与谈天下事。酒酣，稼轩言南北之利害，南之可以并北者如此，北之可以并南者如此。且言："钱塘非帝王居：断牛头之山，天下无援兵；决西湖之水，满城皆鱼鳖。"饮罢，宿同甫于斋中。同甫夜思："稼轩沉重寡言，醒必思其误，将杀我以灭口。"遂盗其骏马而逃。月余，同甫致书稼轩，微露其意，假十万缗以济贫，稼轩如数与之。

这段记事很好玩，因而知道这故事的人也很多。但它的真确性究竟如何，所记二事是否全可相信，抑或是否有一件可以相信，是值得考究的。

从《日知录》的文字看，顾亭林是相信这段记载的，至少他相信后一件事。《日知录》卷十三，"辛幼安"条云：

> 辛幼安词："小草旧曾呼远志，故人今有寄当归。"此非用姜伯约事也。《吴志》："太史慈，东莱黄人也。后立功于孙策，曹公闻其名，遗慈书，以箧封之。发省无所道，但贮当归。"幼安久官南朝，未得大用，晚年多有沦落之感，亦廉颇思用赵人之意尔。观其与陈同甫酒后之言，不可知其心事哉。

今按顾氏所说颇有未核。稼轩一生，曾帅湖、帅赣、帅闽、帅浙，却绝无帅淮之事。龙川于淳熙十年（1183）致书稼轩，有"亮空闲没可做时，每念临安相聚之适，而一别邈如许"云云等语，知二人之订交若不在淳熙五年稼轩在临安任大理少卿时，则必更早于是年。在淳熙五年前，稼轩游宦踪迹之涉及淮南者，计为乾道四至六年（1168～1170）之通判建康府，乾道八、九两年之守滁州，淳熙元年（1174）之参江东帅叶衡幕，诸事。"小草"一词，题中原有稼轩自注云："京口病中，起登连沧观偶成。"是明为守镇江时所作，其时已在嘉泰开禧之间（1204～1205），稼轩年已六十五、六岁，上距游宦淮南之时已相去三十余年。即使所谓"酒后醉言"者确曾有过，也绝不能取来与老年的沧落之感相印证。更何况"小草"二句中之所谓"当归"，乃是要回到江西铅山县的家园中去，与"廉颇思用赵人"之意全无相似之处，自更不能和那一段"酒后醉言"牵连为一了。

《稼轩集抄存》卷末附有辛启泰的《书顾亭林论稼轩词后》云：

> 稗说载：辛稼轩帅淮时，陈同父造访，相与痛饮。酒酣，极陈南北利害。同父夜宿斋中，以稼轩素缄默，既醒必杀已灭口。因窃马逃去。已复遗书微露其意，假千缗以济乏，稼轩如数与之。

> 夫南北利害不出形势事机二者，乃同父环视钱塘，辄谓其城可灌，而不以为忌，忠敏醉言，可执之以为口实乎？即令语涉非义，为友者亦唯有曲原之直责之而已，妄疑其杀已与阴利其贿已，皆非所以为同父也。且忠敏于当时利害，无不慷慨直言危论于君友之前，何有于酒后哉。甚矣小人之厚诬君子也。……

这里所说"同父环视钱塘形势，谓其城可灌"一事，盖本诸《宋史》,《宋史》则是本之于叶绍翁的《四朝闻见录》者。《闻见录》钱唐条有云：

> 龙川陈氏亮，字同甫，天下士也。尝环视钱唐，喟然而叹曰："城可灌尔！"盖以城中地势下于西湖也。亮奏书孝宗，谓……钱唐，吴之一隅也。……

《宋史·陈亮传》引了这一段，次之于孝宗隆兴之后和淳熙五年之前，其文云：

> 隆兴初，与金人约和，天下欣然，幸得苏息，独亮持不可。婺州方以解头荐，因上中兴五论，奏入不报。已而退修于家，学者多归之，益力学著书者十年。
>
> 先是，亮尝环视钱塘，喟然叹曰："城可灌耳。"盖地下于西湖也。至是，当淳熙五年，孝宗即位盖十七年矣，亮更名同甫，诣阙上书。……

既说"至是，当淳熙五年"，则所谓"先是"者必指淳熙五年之前，但究竟是在何年，在"退修于家益力学著书者十年"之前呢，抑即在该十年之中呢，概不可知。就《四朝闻见录》的叙述推考，也不能考知陈氏的这番议论和淳熙五年上书二事之孰先孰后。《宋史》既别无所据，则此段叙事之次第实难凭信。叶绍翁所记龙川诸事，均本诸传闻，其中错误之处颇不少，在《陈龙川狱事考》中已指明数点，上引云云，绝不见载于他书，也颇难据为典要。辛敬甫取以比附稼轩的话，盖亦未尝考详。

敬甫所谓"南北利害不出形势事机二者"，盖本之于稼轩的《美芹十论》。(《四库提要》子部兵家类存目，《美芹十论》条下谓"史不言弃疾有此书"，因疑为临川黄兑所作，后人伪题弃疾之名。敬甫编纂《稼轩集抄存》时,从济南辛氏家谱中,找出了稼轩先世的名号,其大父名赞,正和进《美芹十论》的札子里所述相合;而其十论的最末一篇,详论山东形势及女真屯田兵的数目,自非生长山东者莫办;其第八篇"防微"之末,论归正归明的军民,引用鲁公甫文伯的故事,结语为"今臣之论归正归明军民,诚恐不悦臣之说者,以臣为妬妻也",正合于稼轩自北投南的身份;且《宋史·稼轩本传》也明明有"作九议并应问三篇,美芹十论,言逆顺之理,消长之势,技之长短,地之要害甚备"等语,这均可证明《四库提要》的疑点根本不能成立,而《美芹十论》之为稼轩所作也绝无另外可以怀疑的余地了。)十论进于孝宗乾道二年(1166),下距其通判建康府尚有二年,距其守滁州尚有六、七年,其中第四篇"自治",即论列到钱塘的形势以及应行迁都的事,略谓:

> ……顾今有大者二,陛下知之尚未果行,大臣难之而不敢发者,一曰绝岁币,二曰都金陵。……钱塘金陵俱在大江之南,而其形势相去亦无几矣,岂以为是数百里之远而遽有强弱之辨哉,臣不为数百里计也。……臣之区区以是为言者,盖古之英雄拨乱之君,必先内有以作三军之气,而外有以破敌人之心,……今则不然,待敌则恃骙好于金帛之间,立国则借形势于湖山之险,望实俱丧,莫此为甚。……今绝岁币,都金陵,其形必至于欲战,天下有战形矣,然后三军有所怒而思奋,中原有所恃而思乱。……然此二者在今日未可遽行。……

为什么既然主张迁都金陵而接着又说"未可遽行"呢?这在稼轩的"九议"中有很明白的道理说出:

> 方今之论，以为将有事于中原，必先迁都建业，某以为……先事而迁是兵未战而术已尽也，……万一虏人因是而迁京师，此事之不可知者也……某以为宜明降约束，以禁传言迁都建业者，姑少待之，异时兵已临淮，则车驾即日上道，驻跸建业，以张声势。……

可见稼轩是主张先要造成必战的形势之后才可迁都，而其迁都的理由，也是在大处着眼，为了便于控制，并非专就都城的形势立论，而斤斤于钱塘有何不及金陵之处。"立国而借形势于湖山之险"，既是他们极力反对的，又何论其为钱塘或金陵呢？既然以规复中原为志，当然一切须从进取的观点着眼，绝不应而且也不会终日顾虑到兵临城下时候的苟延之计。开封城区并不较四周为低下，并无救于北宋的破亡；到蒙古兵攻南宋的时候，也并没有断牛头之山掘西湖之水，而钱塘终于不保。这一点粗浅的道理，不必高明的人才可以懂得。因而，《养疴漫笔》中所记的后一事，作为无稽之谈则可，那原是可以卑无高论的；若说一个以兵家见称、一个以天下士见称的两人，谈论天下大势而出此等议论，未免太浅待了古人。若更谓因这一番议论而使陈同甫惊惧不已，以至盗马逃窜，逃窜不已，更复借以要挟索贿，则即使同甫本非君子，也不免受诬太甚了。

又按，稼轩于乾道二、三年在建康任通判，七年冬知滁州，九年复至建康任江东安抚司参议官。此为稼轩一生中宦游淮南之事历。这时期前后的陈同甫，却正在忧患交迫之中：乾道元年遭母丧，不久而父亲被累系狱，三年又有祖父母的丧，竟至于救生不遑，送死无费。四年，父亲出狱了，然而因无寸土可耕，依然无以为养。五年，去临安奏进中兴五论，又失意而归。种种灾患和不幸接踵到来之后，一时豪兴大减，乃退而闭户潜修，开馆授徒，藉束脩以维持生活，并谋营葬。到乾道九年十二月才得以葬了上述的三丧，而不数日他的父亲又死去了。试想，在祸患辐辏之际，他如何能不远数千里而跑到淮南去访稼轩于"治所"？而且，祖父母和母亲的三丧，既是用几年来束脩之所入才得安葬的，父亲死后的丧葬费则是向人告贷而得，其间从不曾有过一次巨额的收入。这些，都是出于陈氏事后的自述，当是最可凭信的资料。是则不但盗马与借钱济乏诸事为不可能，连去淮访辛的事也是必不会有的了。

然则《养疴漫笔》所记第一件事有无问题呢？也有的。

从辛、陈两人的作品当中，我们可以察知他们之间的交谊是非常之厚的，但这些有关的作品，如不是他们晚年之所作，便是作年不可确知的。《龙川文集》中有"与辛幼安殿撰"书，由书中所举述的事件，我考定它是写于淳熙十年的；有《贺新郎》词两首，均是和稼轩相唱和的，在稼轩的词中有详细的小序，但并未著明年月，我考定是作于淳熙十五、六年之交的；又有《题辛稼轩画像赞》，内有"不知须鬓之既斑"句，其作年必较前二者更晚；只有《稼轩词》集中的《破阵子》一首，自注云"为陈同甫赋壮词以寄之"，其年代极难考知，因说部中载有上述的那桩故事，遂有人以为这首词即是辛、陈二氏在淮相见，陈氏窃马逃去之后，稼轩赋寄陈氏者。但在淮相见之说既全然无稽，则此说更不攻自破。因而，辛、陈二氏究竟在几时相识，在几时订交，终于还是无法考知的。

但在陈氏于淳熙十年写给稼轩的信中，有"亮空闲没可做时，每念临安相聚之适"等语，藉知两人的认识必甚早，若不是在淳熙五年辛氏作京朝官的时候，必即更在此以前辛氏初年的宦游之地。然而在《铅山县志》当中却把辛、陈初次会见和陈氏挥剑斩马的故事和地点完全指实，把陈氏也列作铅山县的寓贤之一而系以小传云：

陈亮字同甫，永康人，才气豪迈，与辛幼安友善。初，

> 幼安寄居铅山，一日同甫造访，将近，有小桥，同甫引马三跃而马三却，怒，拔剑刺马首，幼安倚楼见之，大惊异，遂与定交。

小传后边并附有案语云：

> 按：前志斩马载"津梁"中，有"马首堕溪中，水为不流"等语。迄今水每至桥，必倒退尺许，乃得复进，亦一异也。

这些话是载在乾隆时所修的《铅山县志》的，现在我们不能到铅山县去实地勘查一下那溪水是否依然"每至桥必倒退尺许乃得复进"，然而一直自南宋中叶继续到清的中叶，也真够称为奇迹了。只可惜这"奇迹"当中也含有不少离奇的成分：按稼轩自淳熙八年卸江西帅任后方定居于江西的上饶，其后数年方又建第于铅山，陈氏到江西去访稼轩，一生中只有一次，是在淳熙十五年的岁杪，这从两人互相酬赠的《贺新郎》词中可以明白考出，若说斩马的事即在此次，则二人早经相识，不得谓为"大惊异，遂定交"；若说"斩马"的事是在"订交"之前，则陈氏前此并无去江西之事，且其时稼轩亦尚未寄居铅山。二者既显相牴牾，因而《铅山县志》云云，更只是一桩荒诞不经之谈。

总结起来说，陈氏的斩马盗马两项故事，时间和地点既均有舛错，所述辛、陈二氏的言论也与实不符，当皆出于后来好事人的误传，是并无一桩可以置信的。

三　辨陈龙川之不得令终

陈龙川于宋光宗绍熙四年（1193）举进士第一，次年即在家逝

世,享年五十二岁。各书所载,率皆如此。唯在李幼武《名臣言行录外集》卷十六《陈亮传》中有云:

> 绍熙四年举进士,上亲擢之第一。授建康军节度判官,次年卒,享年五十有五。

今按:陈氏生于高宗绍兴十三年(1143),至绍熙五年(1194),依中国计算年龄的旧法,恰为五十二岁。《言行录》中既也承认陈氏卒于绍熙五年,则其"享年五十有五"一句,显系错误。这错误若不是刻书的手民所造成,则必出于撰作者推算之偶尔未审,是可以断言的。

关于陈氏的死因,最先加以记载的,是叶水心(适)的《陈同甫王道甫墓志铭》,其中说:

> 光宗策进士,擢第一。既知为同甫,则大喜曰:"朕亲览,果不谬。"授建康军签判。
> 同甫虽据高第,忧患困折,精泽内耗,形体外离,未至官,病,一夕卒。(《水心集》卷二四)

这分明说陈氏乃是因为病致死的。而他的病又是由于平素的忧患所积成,并非单纯的临时病症。据"形体外离"句,或可推想为因中风而致体形稍变或嘴歪眼斜之类,病重则易致猝死也。

吴师道的《敬乡录》,也沿用叶氏此说,以为陈氏是患病死的。

只有方回在其《桐江集》中,对于陈氏的死因有另一种说法。《桐江集》卷三有《读〈陈同甫文集〉跋》三篇,第一篇是记叙陈氏和朱子以及陈止斋(傅良)诸人辩论王霸义利一案的本末的。第二篇是评论陈氏的文章和气度的,其结尾云:

同甫幸脱囹圄，卒不令终，殆器识亏欠为之。惜其遇朱、吕二公而不能有所化也。

第三篇首段节录叶水心记叙陈氏两次系狱的文字，次节即依据自己的传闻而驳正叶氏的记载，末节则详记陈氏不得令终的原委。其全文如下：

陈同甫两下大理：其一，乡人宴会，末胡椒置同甫羹中，同坐者归而暴死，疑有毒，连坐及同甫。其一，民吕兴、何廿四殴吕天济且死，恨曰："陈上舍使杀我。"县令王恬实其事，台官谕监司选酷吏讯问，复入大理。——此叶水心所书墓铭也。

然予闻婺之富人子携妓游某寺，登讲堂，妓歌《降黄龙》劝酒。富人子，骄子也，容令如即尊位状，后妓而相同甫。以此遂兴大狱。孝宗抹狱卷，置不问。水心不书。

又同甫魁天下而归，虐使桶匠，欲取其女，俾为方桶。桶可圆不可方，同甫百端怒骂，匠恨甚，以桶刀杀之。水心亦讳不书。曰："病，一夕卒。"非也。

侂胄得志，庆元党五十九人，有起废为尽力者，叶水心且不免，使同甫无恙，其出处向背，盖未可知云。

此中所述陈氏系狱始末，所谓"予闻"也者，与叶绍翁《四朝闻见录》所记大致相同而又较略，当即本于叶书，其为诬妄不足信，我在《陈龙川狱事考》一文中已详加考辨，兹不再赘。至其所述陈氏死于非命的事，于情于理也全不相合。因为：

第一，木桶并非"可圆不可方"，因而"俾为方桶"并不能构成一件刁难的事实。

第二，陈氏既经大魁天下，倘使确欲得一桶匠之女，要威吓或要利诱,似乎都不缺乏更有效的方法,因而按之正常事理,可断言其绝不会拿造方桶的题目去与桶匠为难。

第三,陈氏于及第荣归之后,所作有《刘和卿墓志铭》及《吕夫人夏氏墓志铭》等文,前一篇作于绍熙四年九、十月间,其中有云:

> 今年夏秋之交,余得第东归,趋本郡谢,则闻君死矣。……余自念投老,蒙上误恩,擢先众俊,精神筋力,往往尽矣,愧无以报称也,将遗落世事,痛自啬养,以庶几万一焉,而敢费心思于文字间以重其羞?

后一篇作于绍熙五年春季,其中有云:

> 余方叨被误恩,褒嘉之语,非所宜蒙;训诫之辞,不遑宁处。思所以休息暮年而报称天地之造者,惧未之逮,而敢言文乎。

从可知陈氏在打算以一身而任天下之重,唯恐自身的筋力和精神衰弱不济事,而在加意地保养调护。在此情况下,其不会有荒唐无耻之行,不会有要强取桶匠女儿的事,更是可以断言的。

第四,陈氏一生与道学家们对立,其同时以至稍后的道学家或附和道学家的人们,对于陈氏的一言一行莫不伺隙加以掊击,单是朱熹批评陈氏的话,在其《语类》中即已够特辟专篇,倘使陈氏的死因确如方回所说,朱氏师生绝不会等闲放过不提的,然而各家的记载中却都不见此说。方回生于宋理宗宝庆三年(1227),上距陈氏之死已将近四十年,其作此篇《跋文》之时,更已入于元代,距陈氏之死已及百年,突然出此怪说,而又不明载其本之何书或闻诸何人,实际上也就无异于自行标明其为一桩无稽之谈了。

第五，方氏之为人，倾诈翻覆，备极恶毒，具见于周密的《癸辛杂识》别集卷上《方回》条，兹摘录于下：

方回字万里，号虚谷，徽人也。其父南游，殂于广中。回，广婢所生，故其命名及字如此。……

其处乡，专以骗胁为事，乡曲无不被其害者，怨之切齿，遂一向寓杭之三桥旅楼而不敢归。老而益贪淫，凡遇妓则跪之，略无羞耻之心。……

时年登古稀之岁，适年献之与之同庚，其子成文与乃翁为庆，且征友朋之诗。仇仁近有诗云："姓名不入六臣传，容貌堪传九老碑。"且作方句云："老尚留樊素，贫休比范丹。"（方尝有句云："今生穷似范丹。"）于是方大怒其褒牟而贬己，遂摭"六臣"之语，以此比今上为朱温，必欲告官杀之。诸友皆为谢过，不从。仇遂谋之北客侯正卿，正卿访之，徐扣曰："闻仇仁近得罪于虚谷，何邪？"方曰："此子无礼，遂比今上为朱温。即当告官杀之。"侯曰："仇亦只言六臣，未尝云比上于朱温也。今比上为朱温者执事也，告之官则执事反得大罪矣。"方色变，侯遂索其诗之原本，手碎之，乃已。

先是，回为庶官时，尝赋梅花百咏以谀贾相，遂得朝除。及贾之贬，方时为安吉倅，虑祸及己，遂反锋上十可斩之疏以掩其迹，时贾已死矣，识者薄其为人。有士人尝和其韵，有云："百诗已被梅花笑，十斩空余谏草存。"所谓十可斩者，盖指贾之倖、诈、贪、淫、褊、骄、吝、专、谬、忍十事也。以此遂得知严州。

未几，北军至，回倡言死封疆之说甚壮，及北军至，忽不知其所在，人皆以为必践初言死矣，遍寻访之不获，乃迎降于三十里外。鞑帽毡裘，跨马而还，有自得之色。郡人无不唾之。遂得总管之命。遍括富室金钱数十万两，皆入私囊。

有老吏见其无耻不才，极恶之。及来杭，复见其跪起于北妓之前，口称"小人"，食猥妓残杯余炙，遂疏为方回十一可斩之说，极可笑。大略云：

"在严日，虐敛投拜之银数十万两，专资无艺之用，及其后则鬻于人，各有定价。市井小人求诗序者，酬以五钱，必欲得钱入怀，然后漫为数语。市井之人见其语草草，不乐，遂以序还，索钱，几至挥拳。此贪也。

寓杭之三桥旅舍，与婢宣淫，撼落壁土，为邻人讼于官，淫也。

一人誉之则自视天下为无人，大言无当，以前辈自居，骄也。

一人毁之则呼号愤怒，略无涵养，褊也。

在严日，事皆独断以招赂，不谋之同寅。专也。

有乡人以死亡告急者，数日略不之顾。吝也。

凡与人言，率多妄诞。诈也。

回有乞斩似道之疏以沽名，及北兵之来，则外为迎拒之说而远出投拜，是佞倖也。

昔受前朝高官美职，今乃动辄非骂，以亡宋称之，是可忍孰不可忍也？

年已七旬，不归田野，乃弃其妻子，留连杭邸，买少艾之妾，歌酒自娱，至于拜张朱二宣慰以求保解，日出市中买果肴以悦其婢。每见猥妓，必跪以进酒，略不知人间羞耻事，此非老谬者乎！

使似道有知，将大笑于地下矣。"

其说甚详，姑书其大略如此。

其为人既如此恶滥无行，而又企图用文字将此等恶迹加以掩饰，藉以欺蒙千百年后的读书人，且将中年以前的作品如特为献媚于贾似道而作的《梅花百咏》等篇，概不收录于文集之内，故《桐江集》内所收大都皆入元以后之作。其中弹劾贾似道诸疏虽作于宋末，但文前均附有《上书本末》，知其亦为后来所追记。凡此晚年诸作，几于言必称程朱，对于非程朱派的人物则肆口丑诋，处处皆装腔作态，企图厕身于道学之林。其所记陈氏不得其死的事，必即是以这样的居心而特地捏造者。

全谢山在《陈同甫论》中，对于方回这篇《跋文》也曾加以痛斥：

> 至若反面事二姓之方回，亦深文以诋同甫，谓其登第后以渔色死非命，是则不可信者。同甫虽可贬，然未许出方回之口，况摭流俗人之传闻以周内之哉！（《鲒埼亭集》卷二九）

全氏此论，虽似乎是以人废言，而方回的为人，他的话却的确是在所必废的。

以上云云，虽则对于方回的话已经加以驳斥，而对于龙川之因"病"致死，却还没有举出确凿的证据，今且列举于下：

陈龙川活得艰辛，死得寂寞。死了之后，他平生的友朋之中，竟很少人肯为文哀悼他。朱熹没有作，陈止斋也托词于"不胜悲"而没有作。作了的，似乎只有辛稼轩和叶水心二人，而在这两篇祭文中便都可找出陈氏因病致死的佐证。

辛氏的祭文有云：

> 闽浙相望，音问未绝，
> 子胡一病，遽与我诀！
> 呜呼同父，而止是耶？（《宋名臣言行录·外集》卷一六）

这几句简单的吊语，很明确地说明陈氏之死只是因为病，字里行间，绝无可以启人疑窦的暗示。

叶氏的祭文有云：

> 子不余谬，悬俾余铭。
> 且曰"必信，视我如生。"
> 畴昔之言，余不敢苟。
> 哀哉此酒，能复饮否？（《水心集》卷二八）

吴子良《荆溪林下偶谈》中的《水心合铭陈同甫、王道甫》条，可作为叶氏这几句话的详细注脚看：

> 水心少与陈龙川游，龙川才高而学未粹，气豪而心未平，水心每不以为然也。作《抱膝轩诗》，镌诮规责，切中其病。是时水心初起，而龙川已有盛名。龙川虽不乐亦不怒，垂死，犹托铭于水心，曰："铭或不信，吾当虚空中与子辨。"故水心祭龙川文云："子不余谬，悬俾余铭，且曰'必信，视我如生。'"……
>
> 水心既尝为铭，而病耗失之，后乃为集序，精峭卓特，叹其才不为世所知，世所知者科目耳。又谓同甫之学唯东莱知之，晦庵不予又不能夺，而予犹不晓。皆所谓"必信"者。……
>
> 水心于龙川，自少至老，自生至死，只守一说，而后辈不知本末，或以为疑，此要当为知者道也。

今按，吴子良生于宁宗庆元三年（1197），上距陈氏之死为时仅三年有余。到十六岁他从学于叶水心的弟子陈耆卿，二十四岁以书通叶水心，再后便成了叶氏的及门弟子。对于龙川的生平行实以及他和叶氏的关系，吴氏的见闻自当较为的实，因而他这段记事也必不至有何不可靠处。从这条记事当中，我们当能推绎出一个结论来，即：既然在垂死的时候还能托铭于人，则陈氏绝非暴死的。

但叶氏的祭文中一则曰"悬俾余铭"，再则曰"畴昔之言"，似乎陈氏之向叶氏托铭未必即在垂死之时，是则吴子良的"垂死犹托铭"一语是否有时间错误还不无可疑，我们似还不能据此即断定陈氏之并非突然而死。但叶氏的祭文并未注明作于何时，假如作于陈氏去世多日之后，则所谓"悬"，所谓"畴昔"者，仍只是指陈氏垂死之际而言。即再退一步说，"垂死"二字即使不可确信，而吴子良的记载却并不因此而全部可疑。其"铭或不信"云云，与叶氏祭文全相合，更是不容有误的。那么，陈氏于托铭时既嘱叶氏以"必信"，而叶氏于祭文中又以"余不敢苟"相告，则叶氏在《墓志铭》中所说的"同甫虽据高第，忧患困折，精泽内耗，形体外离，未至官，病，一夕卒"等语，绝不会有"不信"的成分在内，也是可以断言的。

一方是本证旁证俱全，另一方是人证物证均缺，然则方回的一段记载，即使不以其人而废，岂不也终被全然推翻了吗？

编者附记：《陈龙川传》1943年由重庆独立出版社出版时，有附录三篇，今仍附入。其中《陈龙川狱事考》、《辨陈龙川之不得令终》二篇，曾经由作者本人修订后收入《邓广铭学术论著自选集》与《邓广铭治史丛稿》，今尽量反映其修改后之面貌；《陈龙川斩马盗马故事考辨》一文，原载天津《益世报·读书周刊》第70期，1936年10月15日。

编　　后

四传二谱（即《北宋政治改革家王安石》、《岳飞传》、《陈龙川传》、《辛弃疾（稼轩）传》与《韩世忠年谱》、《辛稼轩年谱》）六部著述，是先父邓广铭宋代人物传记系列的代表作。这几位杰出人物，依其在历史上活动的时间顺序来讲，是王安石（1021～1086）、韩世忠（1089～1151）、岳飞（1103～1142）、辛弃疾（1140～1207）和陈亮（1143～1194）；而就先父个人的研究而言，则是自陈亮（龙川）开始而延展至辛弃疾（稼轩），又至韩世忠、岳飞和王安石的。

自青年时代起，先父即对历史上一些建立了大功业、具有高亮奇伟志节的英雄人物有着无限憧憬之情；受罗曼罗兰《悲多芬传》等传记题材的文学作品影响，他发愿要把文史融合在一起，希望像司马迁写《史记》那样，以自己的文笔去书写中国历史上的英雄人物。

以宋代历史作为主要的研究方向，以撰著宋代杰出人物谱传作为治学生涯的重要内容，这一学术道路的选择，与先父求学期间所居处的人文环境、时代思潮、国家民族的现实境遇以及他从之受业的硕学大师密不可分。上个世纪30年代中期，先父在北京大学读书期间，正值民族危亡迫在眉睫，南宋的爱国志士例如"推倒一世之智勇，开拓万古之心胸"的陈亮，"以气节自负，以功业自许"的"一世之豪"辛弃疾，"尽忠报国"而战功卓著、襟怀雄伟的岳飞，相继引起了他的注意，震撼着他的心灵。在胡适先生的指导下，从《陈龙川传》出发，他终于走上了谱传史学的路子。而到90年代后期，已届九十高龄的先父，最终修订成就了《北宋政治改革家王安石》一书，完成了他笔下最后的一部人物传记。

追求至真、至善、至美的境界，是先父至高无上的学术理想。在他一生中，许多著作都经过反复的修订、增补乃至彻底改写，仅就四传二谱而言，《辛稼轩年谱》改写过一次，《岳飞传》改写过两次，《王安石》修订和改写了三次。按照他的计划，原准备在有生之年把四部宋人传记全部改写一遍，惜因疾病而未竟其志。

先父辞世前，曾经吟诵辛弃疾祭奠朱熹的文字：“所不朽者，垂万世名；孰谓公死，凛凛犹生。”这段沉郁而又慷慨的话语，正是先父倾尽毕生之力抒写刻画的宋代历史人物共同形象的概括，也体现着他心之所思、情之所系的不懈追求。

由衷感谢高校古籍整理委员会当年对于先父修订宋代人物传记工作的宝贵支持，感谢生活·读书·新知三联书店在先父百年诞辰之际的鼎力襄助，使四传二谱今天得以整体呈现在读者面前。

邓小南

丙戌岁杪于北京大学朗润园